LA VERA ARTE È NON FARSI BECCARE

LA VERA ARTE È NON FARSI BECCARE

INTERVISTE A BANKSY

24 ORE CULTURA

Realizzazione editoriale
24 ORE Cultura srl, Milano

Coordinamento redazionale
Maria Elisa Le Donne

Editing
Anna Colombo

Traduzioni
Petra Aprile

Impaginazione
Ardit Bala

ATTENZIONE Linguaggio esplicito.

Le note contenute all'interno delle interviste
sono a cura della traduttrice.

Prima edizione novembre 2018
ISBN 978-88-6648-410-3

Stampato in Italia

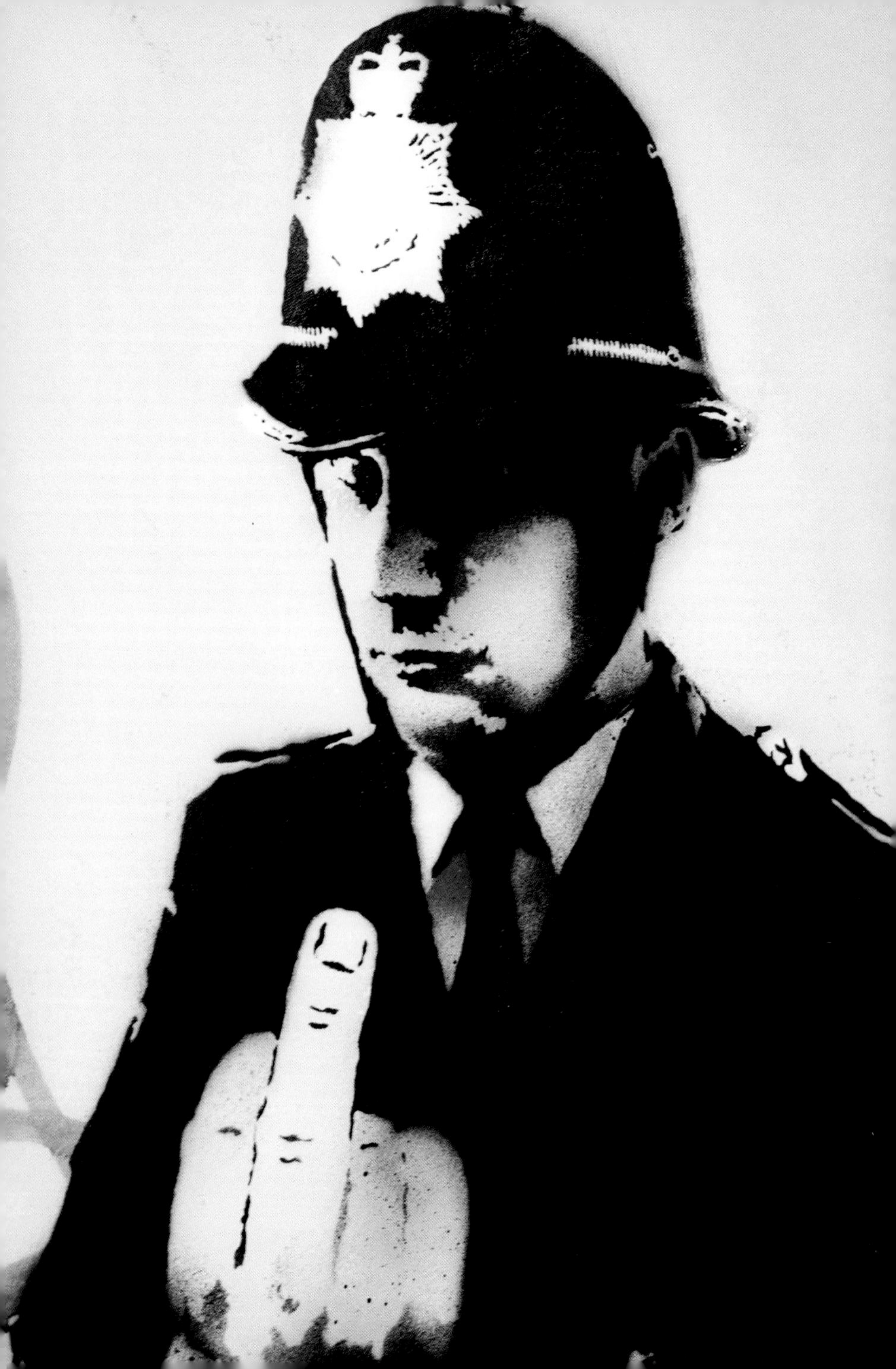

Nulla è come sembra

Un'introduzione di **Gianni Mercurio**

Banksy scrive e parla come dipinge. Delle sue parole colpisce la capacità di prendere per mano l'intervistatore o il lettore e portarlo con sé nella sua direzione, salvo poi abbandonarlo sul più bello per muoversi in un verso totalmente opposto. Come di fronte a un colpo di scena cinematografico, ribalta clamorosamente la tesi del proprio ragionamento con chiose e conclusioni caustiche e disilluse che, se da un lato disorientano, dall'altro alimentano il senso di autocompiacimento dell'artista nell'essere spesso e volentieri illeggibile nelle sue contraddizioni. Le sue parole si caricano così dello stesso potere sviante e sorprendente dei suoi dipinti su muri, quadri, azioni, sculture. È come se Banksy volesse metterci in guardia e ricordarci costantemente che le contraddizioni che spesso gli vengono rinfacciate non sono completamente risolte neppure nella percezione che egli ha di se stesso. Affrontare il percorso di Banksy, in bilico fra integrità gestuale e contenutistica e successo commerciale e di pubblico, porta il lettore

Banksy, *Rude Copper*, 2002
Moco Museum, Amsterdam

ad abbracciare in pieno queste dicotomie anziché rifuggirle. "Quando i graffiti non hanno una componente criminale perdono gran parte della loro innocenza"[1]. Quest'affermazione è la sintesi dell'idea che Banksy ha del proprio lavoro: una vera e propria missione che mette in evidenza la componente di protesta sociale delle sue opere.
La storia di Banksy è nota, così come lo è la sua strategia nel voler lavorare nell'ombra e non rivelare la propria identità anagrafica. Egli stesso chiarisce in un'intervista rilasciata nel 2003 come, per chi dipinga sui muri di luoghi pubblici, "l'arte sta anche nel non essere beccato ed è la cosa più eccitante che ti porti a casa la sera". Pensare di averla scampata una volta di più alla fine di ogni giorno è una sensazione "straordinaria", dice Banksy, "meglio del sesso, meglio delle droghe"[2]. Affermazioni già sufficienti a far capire quanto conti per lui l'eccitazione intrinseca nel compiere un'azione che avviene nella totale clandestinità e che ha come presupposto indispensabile quello di sfuggire al controllo dell'autorità e delle forze dell'ordine: l'*invisibilità* è per lui una condizione necessaria e irrinunciabile. Un concetto che tornerà a ribadire ripetutamente, come ha fatto in un'intervista del 2010 al "Sunday Times Magazine": "Potrebbe sembrare un trucco elaborato per relazionarsi al pubblico, ma l'anonimato è assolutamente vitale per il mio lavoro, non potrei dipingere senza"[3].
Noto soprattutto per i suoi dipinti su strada, Banksy ha utilizzato diversi espedienti per sviluppare la sua concezione dell'arte come disubbidienza al sistema. Nel 2004 ha piantato un cartello all'interno di un laghetto in St. James Park, nelle vicinanze di Buckingham Palace, che recitava "PERICOLO – MATERIALE RADIOATTIVO". L'intervento della polizia rese il tutto ancora più realistico e

---

1 Keegan Hamilton intervista Banksy, *An Interview with Banksy, Street Art Cult Hero, International Man of Mystery*, "The Village Voice", 9 ottobre 2003, v. infra p. 34.

2 Simon Hattenstone intervista Banksy, *Something to spray*, "The Guardian", 17 luglio 2003, v. infra p. 22.

3 Eleanor Mills intervista Banksy, *Banksy woz' ere*, "Sunday Times Magazine", 28 febbraio 2010, v. infra p. 54.

la tensione venne meno solo dopo che il cartello, ventidue ore dopo essere stato installato, venne rimosso. Un'altra sua azione è stata quella di dipingere immagini e frasi ad effetto all'interno delle gabbie degli zoo o su pezzi di cartone lanciati oltre i recinti che rinchiudevano gli animali: i visitatori ignari si ritrovavano ad osservare scimmie che reggevano cartelli con su scritto "Sono una celebrità, fatemi uscire di qui", o "Aiutatemi ad uscire di qui vi prego, sono vittima di un crudele esperimento scientifico... Non sono una scimmia". Altrettanto celebri le sue incursioni in alcuni importanti musei, all'interno dei quali ha appeso di nascosto opere in perfetto stile con le altre ospitate nella stessa sala ma che contenevano dettagli totalmente estranei al contesto storico durante il quale sarebbero state dipinte. O ancora, l'azione performativa di far autodistruggere la tela dell'opera *Girl with Red Balloon* (Ragazza con palloncino rosso) tramite un sofisticato meccanismo situato all'interno della cornice e azionato a distanza subito dopo che questa era stata battuta all'asta a Londra per una cifra vicina al milione di euro, con il risultato di far aumentare esponenzialmente la quotazione di un'opera ormai ridotta a brandelli.
Banksy inserisce sempre nella sua arte una nota volutamente stonata. Diversa da ciò che ci si aspetta di vedere, cattura e calamita l'attenzione e ci induce a osservare in maniera più approfondita ciò che abbiamo di fronte: non solo un dipinto su un muro o su una tela a cui attribuire un significato, ma, in senso più ampio, una particolare metafora che riguarda il mondo che ci circonda e la società in cui viviamo, i cui risvolti sono spesso allarmanti.
Resta centrale nel dibattito attorno al lavoro di Banksy il suo rapporto con il mercato. A unire come un *fil rouge* le diverse interviste che ha rilasciato è la dicotomia che egli avverte fra il successo economico e commerciale e l'integrità di una proposta che non può svincolarsi dalla dimensione della strada e dell'illegalità dei suoi dipinti non autorizzati su luoghi pubblici. Nel 2010, contrastando l'accusa di essersi svenduto

scagliatagli addosso dalla comunità dei graffitari, Banksy si difese così: "Io dico a me stesso che uso l'arte per promuovere il dissenso, ma forse sto piuttosto usando il dissenso per promuovere la mia arte. Mi dichiaro non colpevole di tradimento. Ma mi dichiaro innocente da una casa più grande di quella in cui vivevo prima"[4]. Per capire meglio questo genere di dichiarazioni occorre andare oltre il significato letterale dell'affermazione e tenere presente che stiamo parlando di un artista che è consapevole di rappresentare sotto parecchi aspetti una vera e propria contraddizione vivente, ma che allo stesso tempo non ha mai voluto tradire la propria vocazione originaria. Banksy insiste spesso su questo punto e su come "il successo commerciale è un marchio di fallimento per gli street artist"[5], ribadendo però come sia stato proprio il successo ad avergli permesso di porsi in una posizione privilegiata, negata a tanti altri street artist, e riconducibile al "diritto di parola" anche all'interno dei musei, luoghi quanto mai lontani dai suoi intenti. Ciò non fa venir meno, spiega ancora Banksy, la sensazione per la quale "appena guadagni da un'immagine che hai messo per strada magicamente quel pezzo si trasforma in pubblicità"[6]. L'unica soluzione resta dunque quella di continuare a operare in incognito e fuori dalla legge.
La comprensione di un'opera d'arte non prescinde mai dalle intenzioni del suo autore. Con il modernismo la "parola", nel manifestare l'intento, costituisce il presupposto fondamentale per una corretta comprensione del lavoro. Cosa fa Banksy? Ce lo spiega egli stesso: usa i simboli della cultura di massa per minare le fondamenta, le sicurezze, i codici immutabili di questa stessa cultura. Prende immagini e icone spesso associate ai concetti di autorità e potere che siano immediatamente riconoscibili da tutti poiché appartenenti alla cultura di massa (tutti devono avere familiarità con questi simboli), connotandole di

4 Ossian Ward intervista Banksy, *Banksy Interview*, "*Time Out London*", 1 marzo 2010.
5 K. Hamilton, *An Interview with Banksy*..., cit., v. infra p. 33.
6 ivi, v. infra p. 34.

un significato inedito grazie a accostamenti particolari, dissonanti e dissacranti. È come se ogni volta facesse cadere di fronte agli occhi di chi osserva una sorta di velo, mettendo davanti all'evidenza che nulla è come sembra. O meglio, che non tutto è per forza di cose riconducibile a una narrazione che arriva dall'alto, ma che, al contrario, è la narrazione dal basso che può essere rivoluzionaria, attribuendo nuovi significati anche a realtà apparentemente intoccabili.

Nell'intervista rilasciata a "Juxtapoz" nell'ottobre 2015, Banksy racconta com'è nata e come si è sviluppata l'idea di curare *Dismaland*, un parco tematico concepito come un anti-Disneyland e composto da installazioni realizzate da cinquantotto artisti, Banksy compreso. L'iniziativa ha avuto luogo in un lido in disuso a una trentina di chilometri da Bristol, dal 21 agosto al 27 settembre 2015. Parlando di questa esperienza, nella quale si è calato anche nelle vesti di curatore, Banksy ha messo in evidenza una serie di sensazioni connesse alla meraviglia provata di fronte a opere capaci di creare continuamente nuovi significati e l'unione vitale che ha legato le installazioni alla presenza di un pubblico che in alcuni casi non è stato solo osservatore, ma parte integrante dell'opera stessa[7].

Banksy non ha mai lesinato pesanti critiche al mondo dell'arte, d'altro canto, egli ha costantemente messo in evidenza l'importanza del destinatario, fruitore ultimo di una serie di messaggi che, fra ironia pungente e rassegnata disperazione, sembrano avere tutti l'obiettivo di ricordarci in ogni momento che un altro mondo (o perlomeno una sua diversa chiave di lettura) è possibile.

---

7 In una delle attrazioni installate da Banksy a *Dismaland* era possibile osservare la carrozza di Cenerentola ribaltata e semidistrutta come dopo un incidente stradale, con il cadavere della principessa che sporgeva a peso morto dal finestrino. In questo caso Banksy ha dichiarato come l'opera potesse definirsi completa solo una volta che fosse stata circondata dal pubblico e dalla moltitudine dei flash delle loro macchine fotografiche.

Alle pagine seguenti
Lavori di allestimento per l'asta di Bonhams Londra del 2013.
Il dittico *Monkey Detonator*, partiva da una base d'asta di £70,000-100,000.

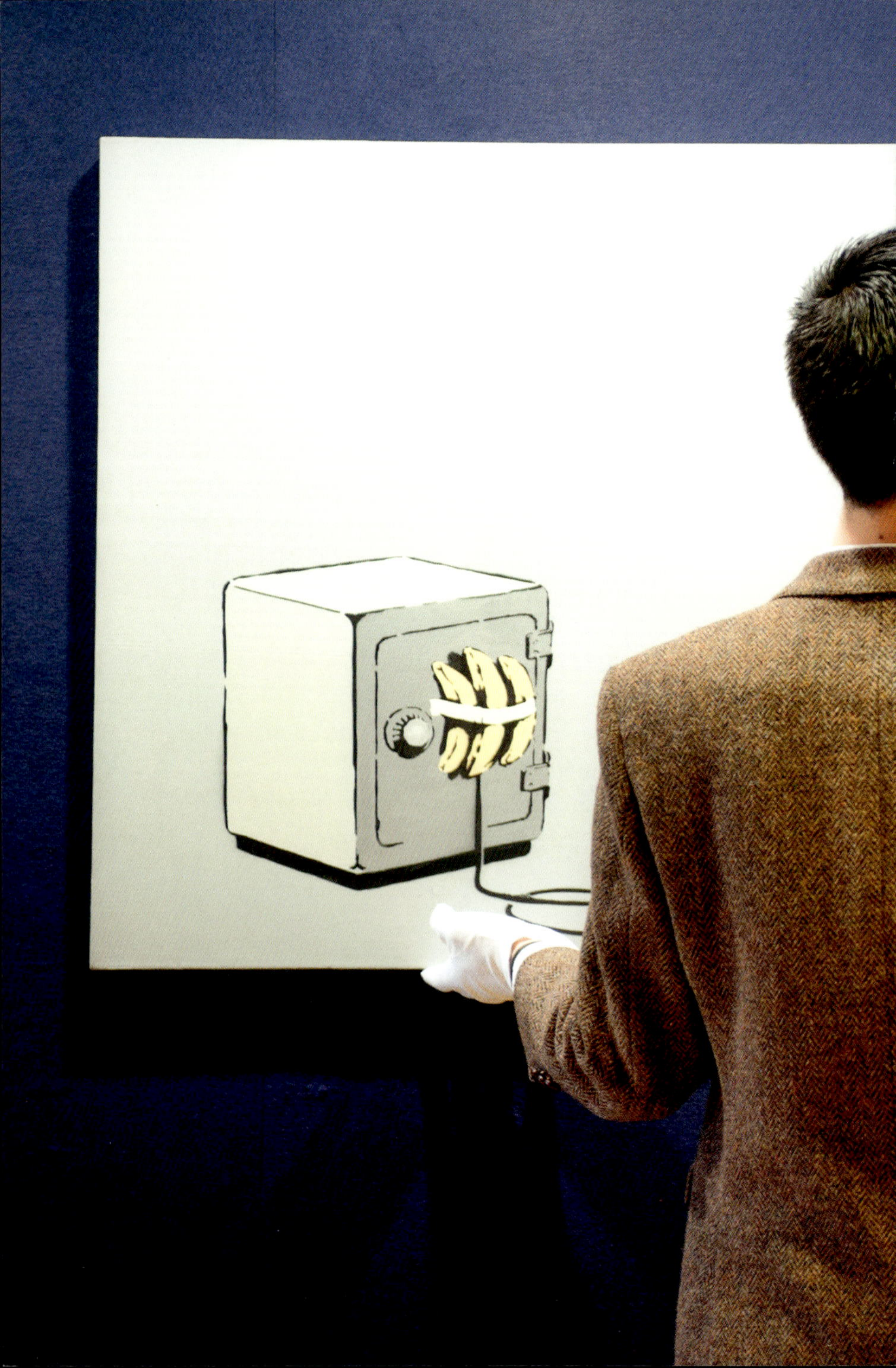

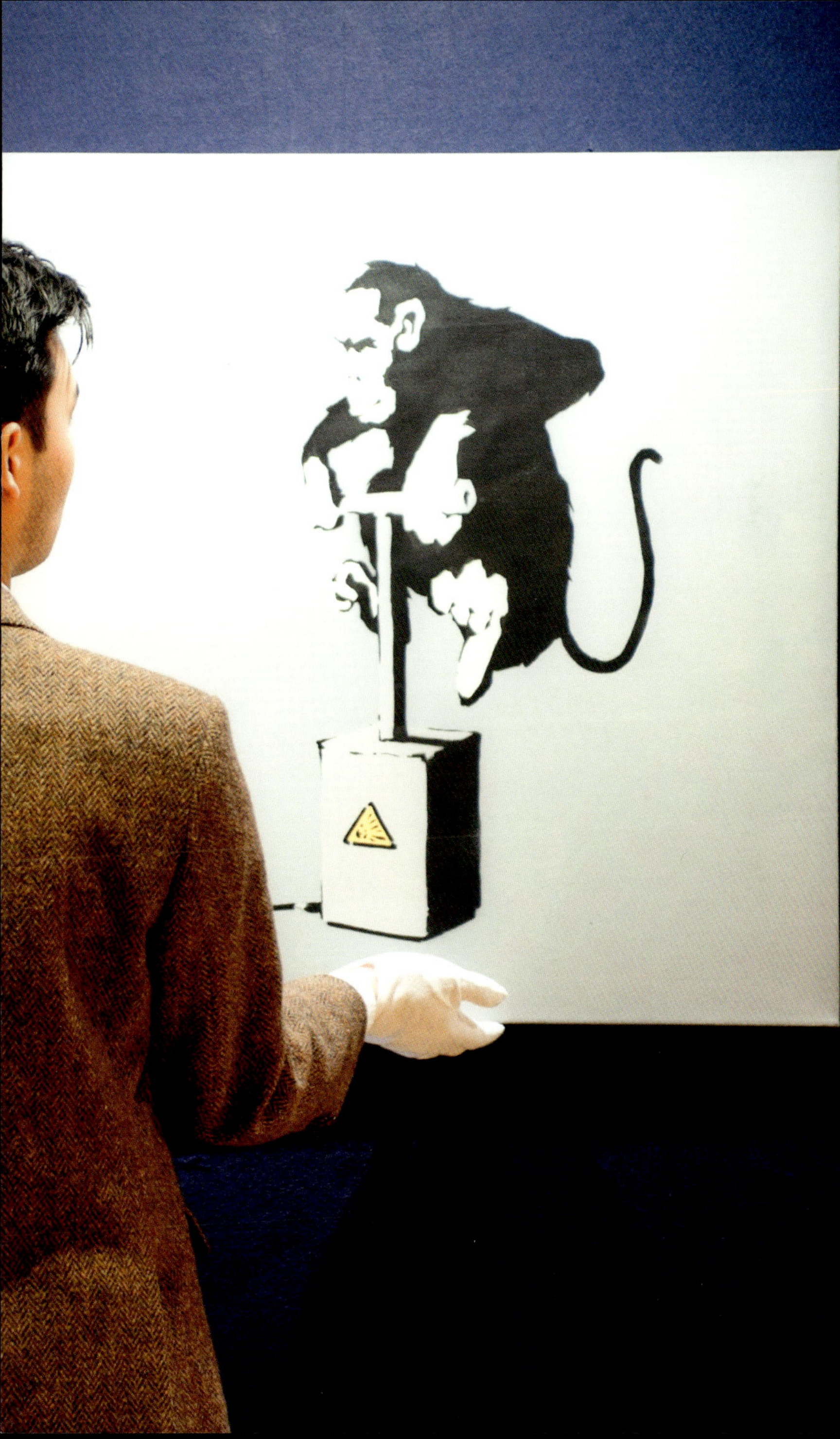

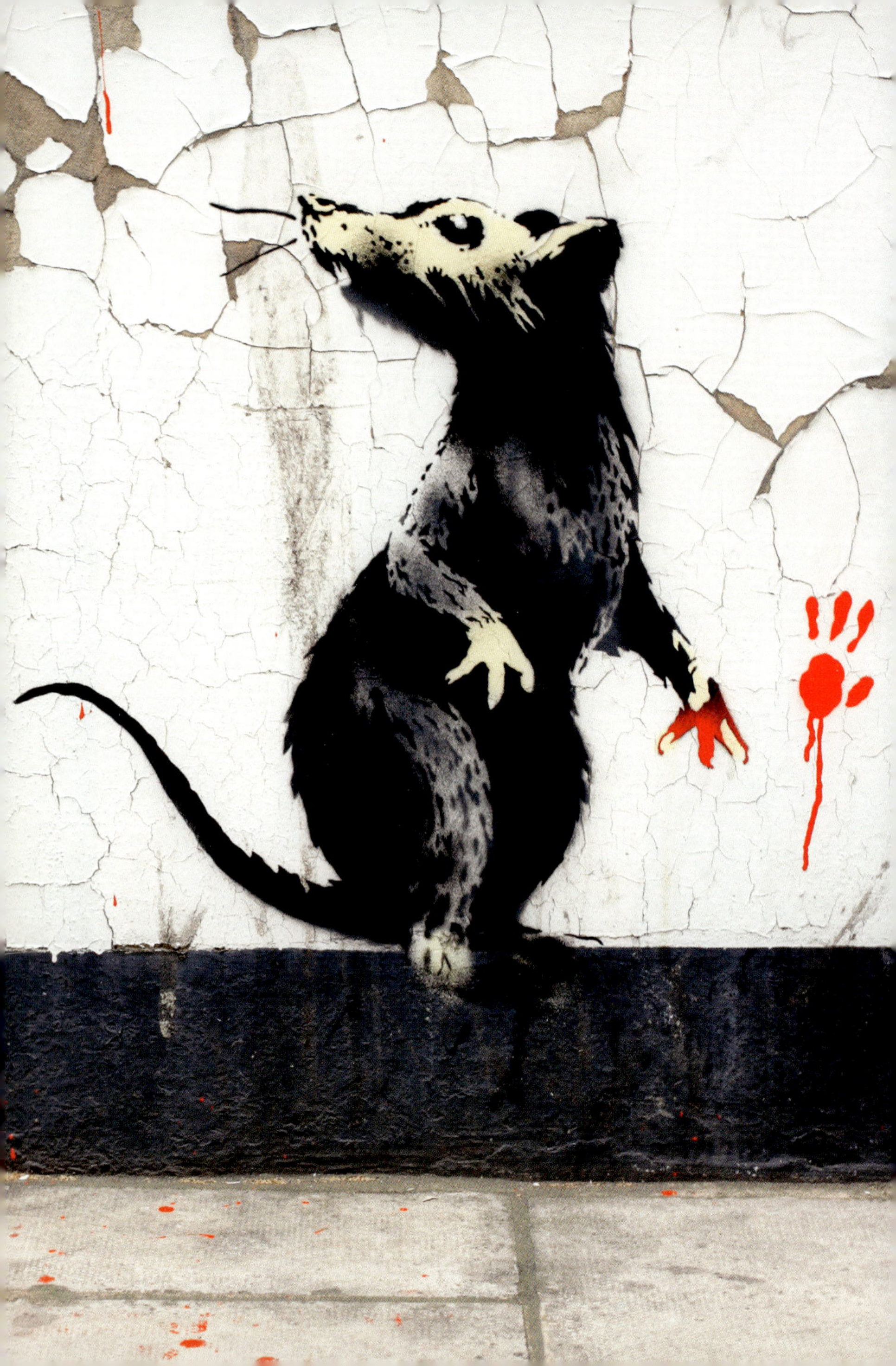

Something to spray

Simon Hattenstone

"THE GUARDIAN", 17 LUGLIO 2003[1]

Banksy dovrebbe arrivare da un momento all'altro. L'unico problema è che non so quale sia il suo aspetto. Nessuno qui sembra avere un'idea di quale sia. Ma tutti lo conosco. O meglio, sanno qualcosa di lui. Sempre che lui sia un lui.

Il barista nel pub di Shoreditch, un quartiere modaiolo di Londra, dove si respira ancora l'aria del vecchio East End, arrossisce quando nomino Banksy e sussurra: "Sì, lo conosco. Beh, lo conoscevo, più o meno. Vengo da Bristol e anche io mi interessavo ai graffiti".

È nel pub al momento? Scuote la testa con diffidenza. Non è sicuro di essere in grado di riconoscerlo e se anche riuscisse ad indicarlo, ha paura di cacciarsi nei guai. Gli dico che sono qui per intervistarlo. Non mi crede: Banksy non rilascia interviste.

E invece questa volta ne ha accettata una, anche se ha riso quando gli abbiamo chiesto una foto.

1 Trad. lett. Qualcosa "da sprayare"

Banksy, *If graffiti changed anything it would be illegal*, 2013, Londra, dettaglio

Banksy è lo street artist più famoso d'Inghilterra, ma l'anonimato è vitale per lui, perché il graffitismo è illegale. Il giorno in cui il suo nome verrà reso pubblico sarà il giorno in cui i suoi graffiti finiranno. I suoi stencil in bianco e nero sono bellissimi, intelligenti e delicatamente sovversivi: poliziotti dai volti sorridenti, ratti che usano trapani, scimmie con armi di distruzione di massa (o, se gli viene lo sghiribizzo, di disturbo di massa[2]), bimbe che cullano missili, un poliziotto che porta a passeggio un grosso e morbidissimo barboncino, Samuel Jackson e John Travolta in *Pulp Fiction* che fanno fuoco con due banane invece che con due pistole, una guardia reale che imbratta un muro con la scritta *Anarchy* (Anarchia). Firma i suoi pezzi con un font massiccio e tondeggiante. A volte ci sono solo parole, con lo stesso carattere spesso – giochi di parole e ironie, affermazioni e incitazioni. Come segno distintivo, spesso si firma con la frase "Questa non è una buona occasione per fare una foto". Sugli edifici governativi scrive "Per ordine dell'Agenzia Nazionale delle Autostrade, questo muro è stato designato come area per graffiti". (Provate a tornarci dopo un paio di giorni, la gente avrà obbedientemente riempito di scritte il muro).
Banksy ha cominciato a differenziare il suo lavoro, recentemente: ha realizzato la copertina per l'album dei Blur, *Think Tank* e domani ci sarà l'inaugurazione di *Turf War* (Guerra per il territorio), la sua prima mostra in una galleria inglese. In qualche modo sembra in grado di rimanere in bilico tra il mondo artistico, quello commerciale e quello della strada.
È facile sviluppare una dipendenza per il suo lavoro. Da quando ho adocchiato i miei primi, pochi Banksy, ho cominciato disperatamente a cercarne altri. E quando li trovo, che sbirciano di soppiatto da un

2 *Weapons of Mass Distraction* è la casa editrice fondata dallo stesso Banksy per la pubblicazione dei suoi due volumi. Il gioco di parole si fonda sull'omofonia tra *distruction* e *distraction*: distruzione e distrazione, qui resa con disturbo.

vicolo o coraggiosamente esposti su un muro, faccio davvero fatica a darmi un contegno. Li sento molto personali, come se fossero solo per me, ma allo stesso tempo sono pubblici, un dono per tutti. Mi fanno sorridere con grande ottimismo alla possibilità di sogni condivisi e proprietà in comune.

Sulle tracce di Banksy incontro molti devoti. Mi raccontano di come arrivi di nascosto, nella notte, con i pali che controllano mentre lavora, sanno che la sua prima mostra sarà in un magazzino di cui si conosce solo il numero civico (475), ma non l'indirizzo completo. Dicono che Banksy ha personalizzato la città, l'ha reclamata per sé, l'ha fatta loro.

Ancora nessun segno di lui. Esco in strada per chiamare al telefono Steve, il suo "agente". "Ah, adesso te lo porto", dice nel suo accento tutto erre di Bristol. Ho la strana sensazione di sentirlo in stereo. Guardo la strada e vedo un uomo che parla al telefono a una trentina di metri. Steve non ha nulla dell'agente. A dire il vero, a sentir lui, è un amico di Banksy e il suo fotografo.

Arrivano al pub in due minuti. Banksy è bianco, ventotto anni, stile casual trasandato – jeans, maglietta, un dente d'argento, collana d'argento e orecchino d'argento. Sembra un po' un incrocio tra Jimmy Nail e Mike Skinner degli Streets. Chiede se può scroccare una sigaretta e ordina una Guinness. Sta pensando ad altro. Mi dice di aver notato che un suo lavoro è stato coperto da un poster pubblicitario del libro di Michael Moore, *Stupid White Men* – un best seller che dà istruzioni su come sovvertire il sistema. "Quindi Michael Moore è l'azienda che mi ha fottuto e ha rovinato il mio disegno. Che mondo strano, un mondo malato". Eppure l'idea sembra piacergli.

Banksy ha cominciato coi graffiti a quattordici anni, quando era uno studente depresso. La scuola non ha mai avuto alcun senso per lui: aveva un sacco di problemi, è stato espulso, ha passato un po' di tempo in carcere per reati futili, preferisce non scendere in dettagli. I graffiti lo facevano sentire meglio con se stesso, gli hanno dato una voce. E a Bristol la cultura dei graffiti prosperava. "Ma siccome facevo schifo con la bomboletta, ho cominciato a ritagliare stencil". Gli dico di quella volta in cui ho scritto il nome di un tipo per strada. Annuisce in segno di approvazione. "Ah, è questa la chiave del fare graffiti: la posizione". Gli dico che mi ero sentito in colpa, non tanto per aver infranto la legge, ma perché avevo usato una latta di pittura per vendicarmi e quel tipo aveva dovuto vivere con il suo nome dipinto[3] sull'altro lato della strada.

"Certo, tutto ruota intorno al sentimento di rivalsa. Anche soltanto una *tag* è una rivalsa. Se tu non possiedi una compagnia di treni, allora vai lì e ne dipingi uno. Viene tutto da quella cosa a scuola, quando dovevi marchiare col tuo nome il retro delle cose – perché in questo modo ti appartengono. Puoi possedere mezza città scarabocchiandoci sopra il tuo nome".

Mentre parla mi colpisce il pensiero che potrebbe non essere chi dice di essere. Come faccio a sapere che sei Banksy? "Non hai alcuna garanzia di questo". Ma sembra troppo appassionato al suo lavoro per non essere lui. Qual è il suo vero nome? "Passo! Dai, non scherziamo".

Si considera un artista? "Non saprei. Ne parlavamo l'altro giorno. Io uso un sacco la parola vandalismo, per la mostra. Sai, quel che ha fatto l'hip-hop con la parola 'negro' – sto cercando di rifare lo stesso con la parola 'vandalismo', riportarla in uso". Gli piace molto anche la parola *brandalismo*[4].

Il suo atteggiamento nei confronti dei *brand* è ambivalente: come Naomi Klein, si oppone ai marchi delle aziende, ma di fatto, in questo processo, è diventato un marchio lui stesso. Ora, la gente vende al mercato nero dei falsi Banksy o i kit di stencil per il Banksy fai-da-te.

---

3 Dulux è una marca di pittura inglese, quindi il neologismo *duluxed* sta per "scritto con la pittura Dulux". Siccome in Italia non c'è una marca di pittura altrettanto famosa sostituiamo il termine con un generico "dipinto".

4 Neologismo di Banksy derivato da *brand*, marchio, che diventando *brandalism* suona praticamente come *vandalism*.

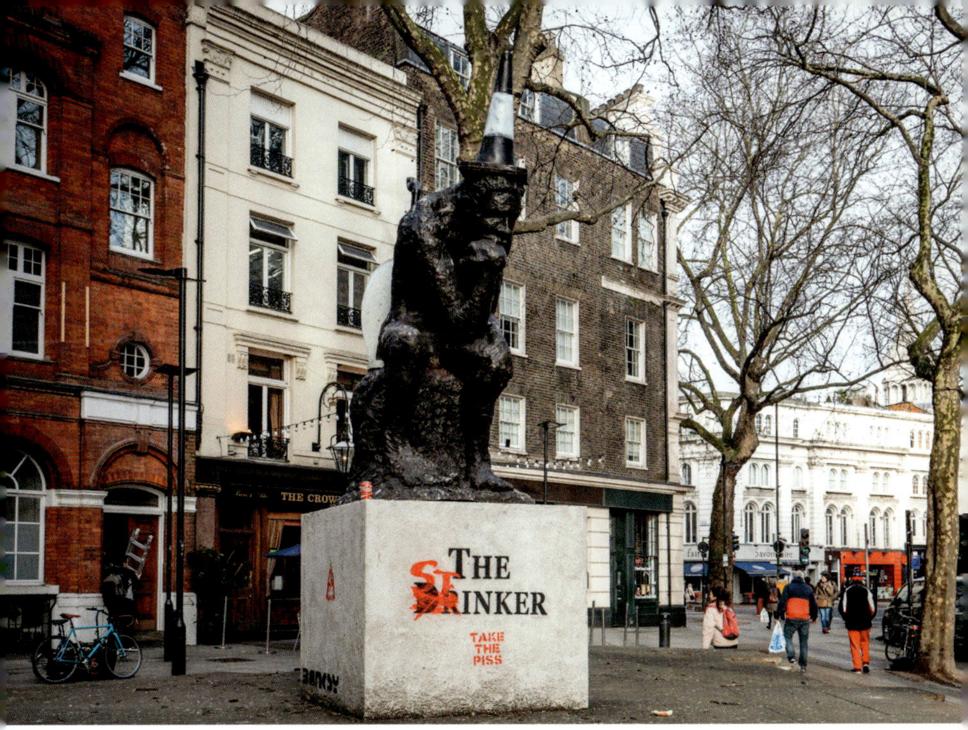

Banksy, *The Drinker*, 2004, Londra. Dopo l'intervento di AK47 diventato *The Stinker* (La schifezza)

Gli dispiace essere fregato? "No", dice. "Vedi, sono stato io stesso un contrabbandiere per tre anni: da che pulpito"[5].

Per questo è stato così strano lavorare con i Blur, dice. "È stato strano perché devo aver lavorato almeno a una dozzina di concerti dei Blur nel passato". E glielo hai detto? "Solo quando il lavoro era già ben avviato. Ho detto loro che non avevo mai visto un loro concerto: ero fuori, nel parcheggio con altri cinque teppistelli a sfornare a raffica poster e magliette con su le loro facce. Poi ho fatto il lavoro e sostanzialmente mi sono fottuto tutti i soldi per la cosa nuova che sto facendo – sculture *BOGOF*[6]. Il concetto è

5 Il gioco di parole si basa sull'assonanza tra la parola *bootlegger* (contrabbandiere) e l'espressione *to have a leg to stand on* (avere un alibi, trad. lett. avere una gamba su cui stare).

6 Acronimo di *Buy One Get One Free*, letteralmente *Comprane uno, prendine uno gratis*. Un corrispettivo del nostro 3x2.

il " Prendi due paghi uno" di Tesco[7]. Faccio delle sculture, due copie per ciascuna. Una la vendo e l'altra la do gratis alla città. La prima, che renderò pubblica oggi, è tipo una versione enorme del *Pensatore* di Rodin, in bronzo, con un birillo stradale in testa, anche quello di bronzo".

Questo è un altro aspetto dell'arte che dice lo interessa: l'efficienza. Perché spendere anni dietro una scultura, quando puoi semplicemente prendere un birillo, sbatterlo in testa ad una scultura classica e creare un lavoro completamente nuovo? "Se c'è una statua in centro, puoi passarci davanti ogni giorno sulla strada per la scuola e non notarla nemmeno, chiaro, ma nel momento in cui qualcuno gli mette in testa un birillo... e tu hai fatto la tua scultura e ci hai messo due secondi. Il sacro Graal sta nel metterci meno tempo a realizzare l'opera di quanto ce ne metta la gente a guardarla". Sorride. Non sono sicuro che ci creda veramente.

È vero che le sue stampe si vendono a più di diecimila sterline? Non ne è sicuro perché non le piazza lui direttamente, ma sì, sono vendute a caro prezzo. E per quel che riguarda la storia dell'hotel fighetto che avrebbe disegnato a New York? "Beh, ho davvero dipinto un hotel a New York una volta. Una bettola da sessantotto dollari a notte. Ogni stanza è realizzata da un artista diverso e se l'hai dipinta ci dormi gratis".

Negli ultimi due anni proprio i marchi che lui disprezza tanto l'hanno avvicinato perché realizzasse delle campagne pubblicitarie per loro. C'è un lavoro che rifiuterebbe per principio? "Si, ho rifiutato quattro proposte della Nike, sinora. Ad ogni nuova campagna mi mandano una mail chiedendo di fare qualcosa per loro. Non ho preso nessuno di questi lavori. La lista dei lavori che ho rifiutato è infinitamente più lunga di quella dei lavori che ho fatto, al momento. È una specie di CV al contrario,

7 Importante catena di supermercati inglese.

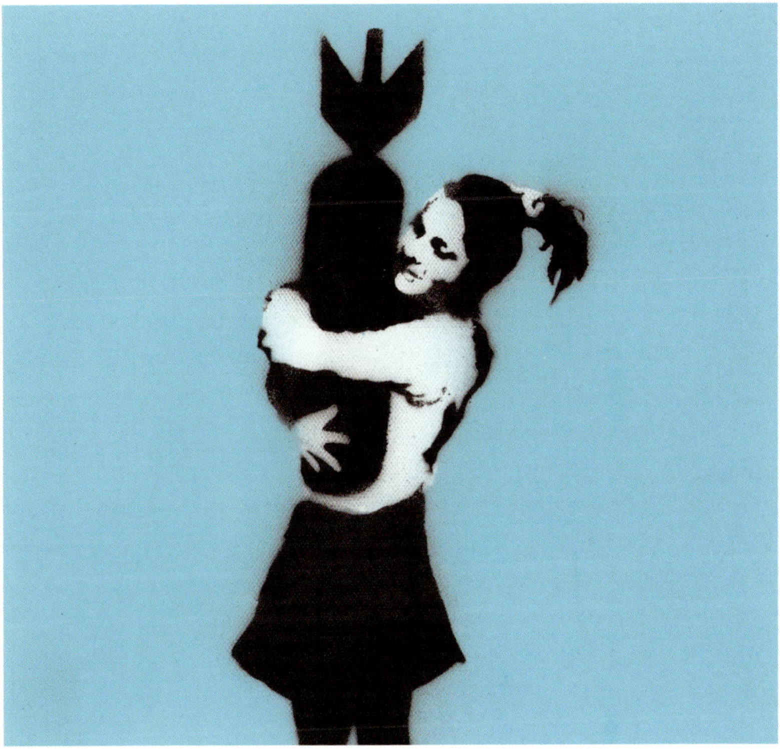

Banksy, *Bomb Hugger*, 2002. Collezione privata

tipo, strano. La Nike mi ha offerto delle cifre pazzesche per far qualcosa per loro". Cosa intende per cifre pazzesche? "Un sacco di soldi!" risponde impacciato.
E perché allora ha rifiutato? "Perché i soldi non mi servono, e perché non mi piace che i bambini lavorino fino a consumarsi le dita all'osso per niente. Mi piace quella citazione di Jeremy Hardy: 'Mia figlia di undici anni mi ha chiesto un paio di scarpe da tennis l'altro giorno. Le ho risposto 'Beh, hai undici anni, fattele'. Voglio restare fuori da questa merda, per quanto possibile".

Gli chiedo se sia necessario essere svegli per essere un bravo street artist. "Sì, fa parte del profilo del candidato. Qualsiasi idiota può farsi prendere. L'arte sta anche nel non essere beccato ed è la cosa più eccitante che ti porti a casa alla sera. Perché tu potresti anche prendere tutta la mia merda e appenderla alla Tate Modern, fare una bella inaugurazione con Tony Blair e Kate Moss che distribuisce *vol-au-vents* su pattini a rotelle, ma non sarebbe eccitante come uscire per strada e fare un pezzo veramente grosso dove non dovresti farlo. La sensazione che provi quando ti siedi sul divano una volta finito, ti accendi una siga e pensi che non c'è modo che ti sgamino, è straordinaria… meglio del sesso, meglio delle droghe, quell'eccitazione".

Mi parla di quanto si sia divertito a Glastonbury quest'anno. "La polizia era bella rilassata, guidavano Land Rover. Ne abbiamo trovate due parcheggiate lungo la strada principale, con i poliziotti fuori che chiacchieravano con delle ragazze e siccome ho quasi sempre con me una latta di vernice, mi sono avvicinato e ho fatto una cazzata a caso sul fianco di una e poi ho passato la latta al mio amico che ha scritto '*Hash for cash*' (Fumo per soldi) sulla fiancata di un'altra. Ora della fine della serata, avevamo fatto sette veicoli della polizia con le bombolette". Dice di essere stato arrestato per graffitaggio, in passato, ma non negli ultimi anni e mai come Banksy.

È stata una decisione difficile esibire in una galleria? "No – dice – prima di tutto non si può dire che questa sia una galleria di lusso, è un vecchio magazzino". E poi, senza uno spazio ufficiale, come avrebbe fatto ad esporre le sue pecore vive, i maiali e le mucche? A dir la verità, dice, i graffiti per definizione sono piuttosto proscrittivi. "La maggior parte dei comuni si impegna a far sparire i graffiti offensivi in 24 ore: qualsiasi cosa razzista, sessista, omofobica, spediscono il loro team nelle prime 24 ore". Ma, in qualche modo, se si tratta di "arte" in una galleria, i confini del gusto non sono definiti così rigidamente.

Parla dei suoi stencil raffiguranti una donna ebrea a Bergen-Belsen, spalmati di rossetto fosforescente – un'immagine tanto intensa quanto grottesca. "Ora, non avrei mai potuto fare quel pezzo per strada, perché è palesemente offensivo". Ma in una galleria può essere mostrato nel suo contesto. "È ispirato al racconto di un colonnello che ha partecipato alla liberazione di Bergen-Belsen. Nel suo diario descrive di come abbiano liberato questo campo di sole donne, di quando salta fuori che una delle scatole di provviste contiene invece quattrocento rossetti e lui va fuori di testa: 'perché mi mandate rossetti?'. Ma quando li porta alle donne se lo mettono a vicenda, si sistemano i capelli: questo restituisce loro il desiderio di vivere ed è probabilmente la cosa migliore che quei soldati potessero fare durante la liberazione". Racconta la storia in modo splendido. "Vedi, qui si parla di come applicare del colore possa fare la differenza".
Si vede mai come parte dell'*establishment* dell'arte? "Non lo so. Non venderei mai la mia merda a Charles Saatchi. Se io vendo cinquantamila libri [ne ha pubblicati due, *Existencilism*[8] e *Banging Your Head Against A Brick Wall*[9]] e comunque molte serigrafie, non ho bisogno di un uomo che mi dica che sono un artista. C'è una differenza enorme se la gente compra o se a comprare è un giocatore d'azzardo conservatore del cazzo. No, non gli venderei mai qualcosa consapevolmente".
Torna all'idea dell'inaugurazione e ne parla con un incredibile entusiasmo. "Una parte di me desidererebbe molto andarci, perché ho messo su un allestimento veramente figo".
Ma, dice, sarebbe troppo rischioso. E i suoi genitori ci saranno? Scuote la testa. "No. Non sanno ancora quel che faccio". Sul serio, chiedo, non hanno idea di quanto tu abbia ottenuto? "No", risponde teneramente "pensano che io sia un pittore e decoratore".

8 Banksy, *Existencilism*, Londra 2002, Weapons of Mass Distraction.
9 Banksy, *Banging Your Head Against A Brick Wall*, Londra 2001, Weapons of Mass Distraction.

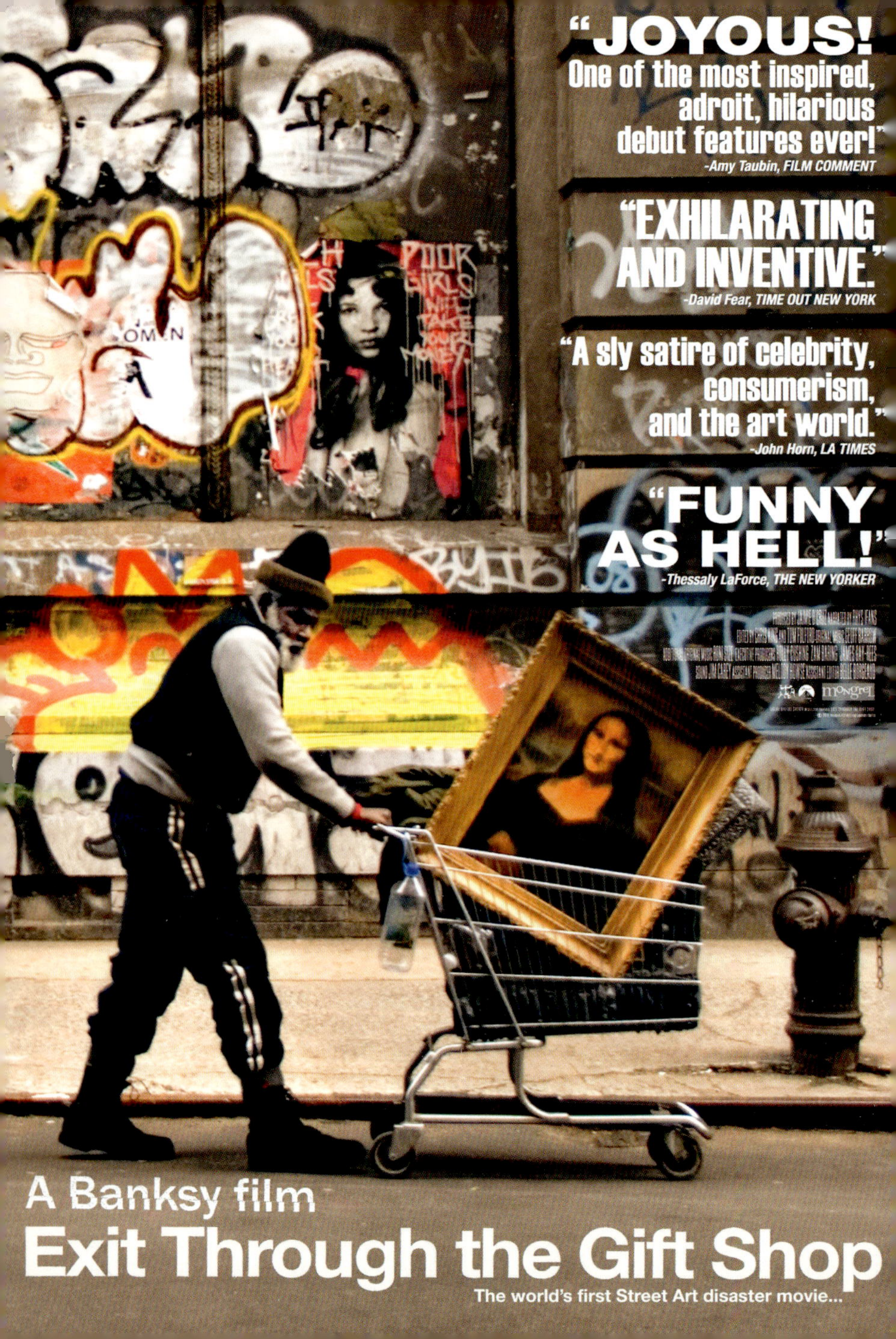
"JOYOUS!
One of the most inspired, adroit, hilarious debut features ever!"
-Amy Taubin, FILM COMMENT
"EXHILARATING AND INVENTIVE."
-David Fear, TIME OUT NEW YORK
"A sly satire of celebrity, consumerism, and the art world."
-John Horn, LA TIMES
"FUNNY AS HELL!"
-Thessaly LaForce, THE NEW YORKER
POOR GIRLS WILL TAKE YOUR MONEY
mongrel
A Banksy film
Exit Through the Gift Shop
The world's first Street Art disaster movie...

Intervista con Banksy, eroe di culto della street art, uomo del mistero

Keegan Hamilton

"THE VILLAGE VOICE", 9 OTTOBRE 2013[1]

"Riservato".
Questo l'oggetto ammaliatore di una mail indirizzata genericamente e con *nonchalance* al "Village Voice", a metà Settembre.
"Rappresento l'artista Banksy", cominciava così, "e vorrei parlare con voi, appena vi sia possibile".
A seguire il nome e il numero di telefono di un'agente inglese. Nessun altro dettaglio e nessuna spiegazione. Un mistero affascinante. Da un anno lo street artist senza volto è in silenzio, dopo che i suoi stencil inconfondibili sono apparsi a Londra durante le Olimpiadi. Poiché Banksy concede interviste molto di rado: quel messaggio criptico aveva tutta l'aria di essere il preludio di una complessa buffonata.
In pochi minuti di indagine è confermata l'identità dell'esperta agente, Jo Brooks, agente di diversi artisti inglesi (per non parlare di Fatboy Slim), la cui relazione professionale con l'inafferrabile maestro degli stencil è presto verificata.

1 Titolo originale: *An Interview With Banksy, Street Art Cult Hero, International Man of Mystery*

Locandina del film *Exit Through the Gift Shop*, 2010.
Film Company Paranoid Pictures

Un secondo messaggio dalla Brooks rivela qualcosa di più: una bozza di comunicato stampa in cui si annuncia che Banksy è sul punto di svelare il suo prossimo, audace progetto: l'artista intende seminare un nuovo pezzo al giorno per le strade di New York durante tutto il mese di Ottobre, una "mostra unica nel suo genere" intitolata *Better Out Than In* (Meglio fuori che dentro). Siglata con lo slogan "residenza d'artisti per le strade di New York", la mostra includerà "elaborati graffiti, sculture monumentali, video installazioni e *performance* di scarsa qualità".

Brooks promette un'intervista esclusiva al "Voice" perché Banksy "sente un'affinità con chi fornisce contenuti di qualità gratis agli angoli della strada".

Ma comunicare con l'icona sotto copertura non è un'impresa semplice, come molti altri hanno avuto modo di verificare nei due decenni trascorsi dalla prima volta in cui le bombolette di Banksy hanno decorato i paesaggi urbani da Londra al West Bank, fino a New York e Los Angeles.

Attraverso la Brooks, Banksy rifiuta qualsiasi richiesta di parlare al telefono o via Skype, presumibilmente partendo dal presupposto che qualsiasi forma di approccio diretto rischia di far saltare la copertura che tanto meticolosamente mantiene. (Per chi non sia familiare con la vicenda, la vera identità di Banksy non è mai stata confermata, nonostante abbia un posto nell'olimpo della cultura pop; ha molte volte ribadito che la natura illegale del graffitismo lo costringe alla segretezza, svelare la propria identità sarebbe come firmare una confessione dei suoi crimini d'arte).

L'agente ha chiesto una lista di domande da mandare a Banksy per e-mail, puntualizzando che il suo cliente avrebbe, con ogni probabilità, ignorato alcuni argomenti per intero.

Diversi giorni dopo, il sito di Banksy è stato rimosso e sostituito con un *teaser* di *Better Out Than In*: l'immagine di un graffitaro, disegnata in modo da sembrare che stia vomitando un torrente di fiori rosa e foglie verdi che crescono spontaneamente nell'intercapedine tra due muri di cemento. (Il titolo di per sé è un'espressione colloquiale prettamente britannica, una specie di *Gesundheit* [salute!] in risposta a un rutto sonoro). Quando l'immagine ha cominciato a girare sui forum specialistici di street art, i commentatori hanno subito fatto notare che la silhouette assomigliava molto a un'immagine del video della canzone *Yonkers* di Tyler, il Creatore, leader del collettivo hip-hop Odd Future Wolf Gang Kill Them All, di stanza a Los Angeles. Ignorando i riferimenti a New York, i Banksofili hanno quindi dato per scontato che il pezzo fosse da qualche parte a Los Angeles (ma la posizione reale non è ancora stata scoperta) e hanno ipotizzato che Banksy stava meditando un sequel alla sua mostra del 2006, in cui aveva esibito in un magazzino di Los Angeles un elefante vivo e decorato con motivi da carta da parati rosa.

Poi, il primo ottobre, come vaticinato dall'agente, Banksy ha esordito col primo pezzo per le strade di New York: uno stencil su un edificio a Chinatown, intitolato come una profezia: *The Street Is in Play* (La strada va in scena). Rappresenta due ragazzini d'altri tempi, con la divisa standard per la consegna dei giornali, basco e salopette, che cercano di agguantare una bomboletta racchiusa in un cartello di divieto che già stava sul muro a ricordare che "I graffiti sono un crimine".

Il cartello fu prontamente rubato e il pezzo coperto – deturpato e poi cancellato completamente in meno di 24 ore.

Come si sente Banksy sapendo che il suo lavoro è destinato a sparire quasi istantaneamente? A chi appartengono le opere di *Better Out Than In* una volta che sono per la strada? Quale profitto trarrà l'artista da questa sua "residenza" a New York? Il "Voice" ha fatto queste e molte altre domane in una serie di e-mail inoltrate tramite la Brooks. Dopo un silenzio lungo più di una settimana, Banksy ha risposto, ignorando completamente (come previsto) molte delle

domande che gli erano state rivolte, compresa quella che chiedeva "come facciamo a sapere che è realmente l'artista che risponde alle nostre domande e non qualche principe nigeriano o un ragazzino hacker dell'esercito elettronico siriano?".
Su altre questioni si è dimostrato molto più accomodante. Alla nostra curiosità riguardo la sua visione di *Better Out Than In*, sui come e i perché ha elaborato questo progetto, scrive: "Non c'è assolutamente la benché minima ragione per fare questa mostra. So che la street art sembra assomigliare sempre di più al reparto marketing di una carriera artistica, e quindi volevo fare un po' d'arte senza il cartellino del prezzo attaccato. Niente galleria, niente libro, niente film. È senza senso. Il che, spero bene, ha ancora un grande significato".
Se gli si chiede cosa abbia fatto dopo la nomina all'Oscar del suo documentario del 2010, *Exit Through the Gift Shop* (Uscita attraverso il negozio di souvenir), risponde che "ho studiato il modo di fare grosse sculture di creta, in parte perché è una bella sfida, in parte perché dopo un anno passato in uno studio di montaggio volevo fare qualcosa stando in piedi".
Dice di aver fatto un sopralluogo a New York "un paio di mesi fa" per cercare dei posti giusti per i pezzi di ottobre, ma "di aver trovato quasi tutti gli spazi vuoti che avevo immaginato di usare già occupati da nuovi condomini". Vive in città, al momento, ma ovviamente non è disposto a rivelare dove si rintana o per quanto pensa di restare: allude al fatto di non avere un piano dettagliato di quando o dove i pezzi nuovi saranno installati questo mese.
"L'unico piano è quello di vivere qui, reagire alle cose, vedere dei posti e dipingerci sopra", scrive. "Alcuni pezzi saranno elaborati, altri semplici sgorbi sul muro di un cesso".
Alcune vecchie opere erano già state sparpagliate per Lower Manhattan. Dopo *The Street Is in Play*, ha lasciato uno scarabocchio sinuoso su una porta blindata a Chelsea che dice: "Questo è il mio accento di

Banksy, *The Musical*, 2013, New York

New York", con sotto le parole "...normalmente scrivo così" più piccole, in un carattere più semplice.

Il 3 ottobre ha realizzato lo stencil di un cane mentre piscia su un idrante che pensa, in una vignetta, "Tu mi completi...". Il giorno seguente, una specie di trittico a Brooklyn: ha aggiunto la tag *The Musical* – stesso stencil e stesso carattere – sotto tre graffiti già esistenti con le scritte *Playground Mob* (Mobilitazione al parchetto), *Occupy* (Occupazione) e *Dirty Underwear* (Biancheria sporca).

Il pezzo a Chelsea è stato deturpato dopo poche ore, lo stencil dell'idrante coperto con una piccola *tag* d'argento. La scritta *Occupy* non è durata novanta minuti.

I cospirazionisti insinuano il dubbio che sia lo stesso Banksy a rovinare i suoi pezzi, ma l'artista smentisce le voci con tono piatto. "No, non sfregio i miei stessi lavori, no" dice. "Una volta pensavo che gli altri

writer mi odiassero perché uso gli stencil, invece mi odiano e basta". La natura transitoria dell'arte di Banksy è parte del suo fascino.
La Brook dice che un nuovo pezzo ogni giorno a New York "trasforma la città in un'immensa caccia al tesoro". Ogni lavoro è merce rara che può scomparire nottetempo. Vuole che le sue opere siano scoperte nei vicoli, accanto alla spazzatura, non esposte in un museo sterile.
L'elemento permanente nei lavori – che è anche ciò che permette di confermarne l'autenticità – è un numero verde che li accompagna, a cui risponde un'"audioguida" creata da Banksy.
Il primo nastro ha incisa una musica *kitsch* da ascensore, mentre un narratore che sembra fatto dà il benvenuto a Lower Manhattan all'ascoltatore. Quasi per caso la voce maschile avverte che il lavoro "probabilmente è stato coperto" e informa l'ascoltatore che "quelli che state vedendo sono graffiti, dal latino 'graffito', che significa graffiti ma con la O".
"Cosa sta cercando di dire esattamente l'artista, qui?" chiede il narratore di Banksy "Siamo davanti alla risposta al bisogno primario di prendere gli strumenti della nostra oppressione e trasformarli in semplici giochi? O forse è un commento postmoderno su come i significanti degli oggetti siano diventati reali tanto quanto gli oggetti stessi? Mi state prendendo in giro? Ma chi scrive sta roba? Comunque… decidete voi. Vi prego, fatelo. Io non ne ho idea".
Questo audio si inserisce perfettamente nella tradizione cara a Banksy di agitare un giocoso dito medio al mondo convenzionale dell'arte e in questo caso fa anche un po' il verso ai suoi stessi fan che si affannano a rintracciare i suoi lavori. Chi ascolta la tiritera si trova presumibilmente bloccato nel traffico di un marciapiede, non in un'ala del MoMA o del Met.
"L'audioguida è cominciata come un giochetto da quattro soldi, e ad essere sincero è anche andata avanti così, ma sto iniziando a vederci del potenziale" spiega Banksy. "Mi piace come sia in grado di controllare il tempo che uno passa guardando l'immagine. Ho letto una ricerca di un importante museo di Londra che ha dimostrato che l'utente

medio guarda un dipinto per otto secondi. Quindi, se metti la tua arte a un semaforo stai già facendo dei numeri migliori di Rembrandt".
Quando gli viene chiesto di elaborare i due dipinti riprodotti in esclusiva sulla copertina del "Voice" di questa settimana – nello specifico, come intende allestire i lavori, entrambi collaborazioni con il duo di street artist Os Gêmeos (al secolo Otavio e Gustavo Pandolfo, gemelli identici) – Banksy risponde: "Ad essere onesto non ne sono sicuro. Mi sto chiarendo parecchio le idee proseguendo con il lavoro. È un modo per mantenerlo attuale, credo. L'idea di fare uno stencil che dicesse *The Musical* mi è venuta solo quando ho visto la scritta *Occupy*".
Il repertorio di Banksy non si limita ai graffiti in senso stretto. Il 5 Ottobre ha installato per la prima volta nell'East Village uno di quei tristi camion per le consegne, un GMC del 1992, ricoperto di graffiti con un'installazione al suo interno. Un paradiso virtuale, il pezzo comprendeva (come descrive l'audioguida al di sopra del tintinnio di una chitarra hawaiana suonata con lo slide) "un tramonto rimasterizzato in digitale che non tramonta mai, una cascata che pompa più di sessanta litri di acqua al minuto, farfalle di plastica fissate col nastro adesivo a un ventilatore che si muove un poco di qua e di là".
Il giorno seguente, domenica, Banksy ha postato sul suo sito un video che mostra un paio di ribelli che indossano turbanti da cui esplodono missili terra-aria da un tubo che sembra un bazooka. I loro missili vengono sparati nel cielo con una scia di fumo grigio. I combattenti urlano "Allahu Akbar!"[2] mentre il loro bersaglio precipita al suolo: è Dumbo, l'elefantino volante. Il personaggio Disney si schianta al suolo diventando un cumulo fumante. Appare un bambino, si avvicina al cartone animato morto, contempla la scena, si volta e prende a calci negli stinchi gli uomini con i lanciamissili.

2 *Allahu Akbar*, Allah è il più grande. L'espressione musulmana viene ormai associata all'estremismo islamico perché è il grido con cui i kamikaze si immolano durante le azioni suicide.

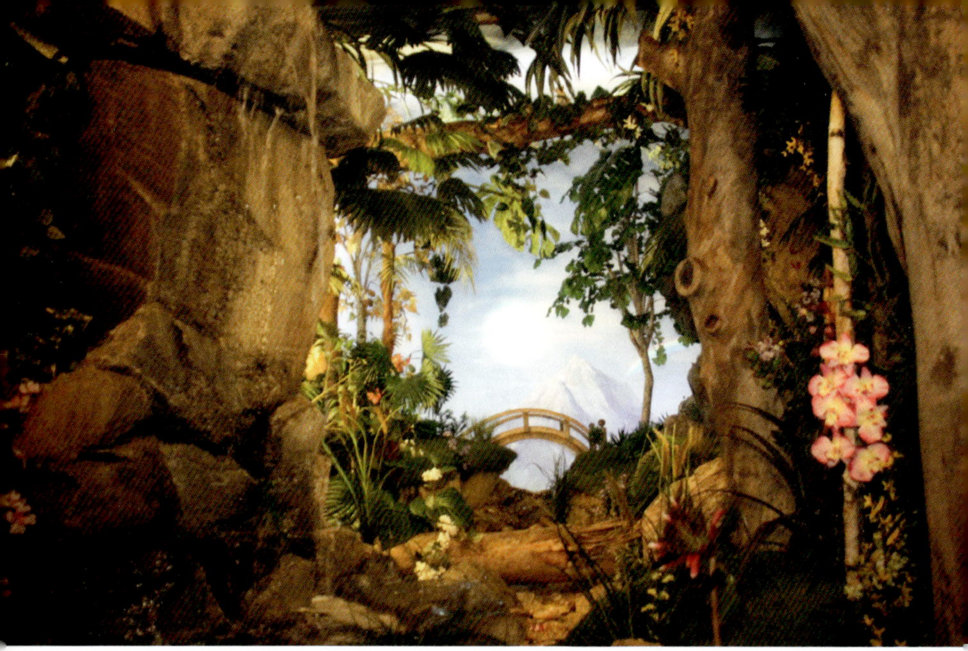

Banksy, *Mobile Waterfall*, 2013

È tipico di Banksy scansare le gallerie e le sedi ufficiali, allestendo i suoi lavori nei vicoli dei bassifondi e in diversi locali fuori dai circuiti. Nonostante questo, ha guadagnato profumatamente dalla sua arte, in passato. Molte *celebrities* – in particolare Brad Pitt e Angelina Jolie – hanno pagato milioni per i suoi lavori, un fatto che fa un po' a cazzotti con l'etica della *guerrilla* del loro creatore.
(Prima del lancio di *Better Out Than In*, sul sito di Banksy c'era questa domanda nelle FAQ[3]: "perché sei un tale venduto?" seguita dalla risposta: "Vorrei aver avuto un pound ogni volta che me l'hanno chiesto").
I suoi lavori sono da intendersi per l'esposizione pubblica, ma occasionalmente sono stati staccati dai muri di cemento e battuti all'asta. Questa contraddizione è sempre sotto gli occhi dell'artista. Dice di "aver fatto un errore" nella sua ultima mostra a New York, nel 2008,

3 Acronimo per *Frequently Asked Questions*, domande frequenti.

un'installazione in una vetrina nel West Village con una varietà di creature animali satiriche, tra cui degli hot dog che poltrivano sotto le lampade a calore in gabbie di vetro accanto a un registratore di cassa finto. Ha assunto una ditta di affissioni che realizzasse quattro murales per pubblicizzare il falso negozio.

"Ho totalmente sottovalutato quanto fosse importante che lo facessi io", dice l'artista. "I graffiti sono una forma d'arte in cui il gesto è importante almeno tanto quanto il risultato, se non di più. Ho letto che i critici hanno descritto Jackson Pollock come un *performer* che si è trovato ad usare la pittura, e si potrebbe dire lo stesso per gli artisti-writer-performer che fanno graffiti con la pittura. E commettono peccato"[4].

Banksy si dice anche preoccupato per la sua lotta costante alla ricerca di un equilibrio tra il successo commerciale e l'integrità artistica. Accenna alla possibilità di abbandonare completamente le gallerie e tornare in modo permanente alle sue radici come street artist. "Ho cominciato a dipingere per strada perché era il solo spazio dove avrei ottenuto una mostra" scrive. "Ora devo continuare a dipingere in strada per provare a me stesso che non era solo un piano cinico. In più risparmio i soldi delle tele".

"Ma non c'è modo di rimediare: il successo commerciale è un marchio di fallimento per gli street artist. Non è previsto che siano riconosciuti in quel modo. Se guardi a come la società ricompensa così tanta gente sbagliata, è difficile non considerare il rimborso economico come il tesserino per la mediocrità *self-service*".

D'altra parte, si rende conto di come i suoi trionfi precoci e la ricompensa che ne è derivata lo mettono in una posizione unica per dettare i termini in cui il suo lavoro viene esposto. Agli artisti che muoiono di fame non è concesso lo stesso lusso.

4 In inglese *trespass*, probabile riferimento al testo del Padre Nostro "and forgive us our trespasses as we forgive those who trespass against us", "e rimetti a noi i nostri debiti, come noi li rimettiamo ai nostri debitori".

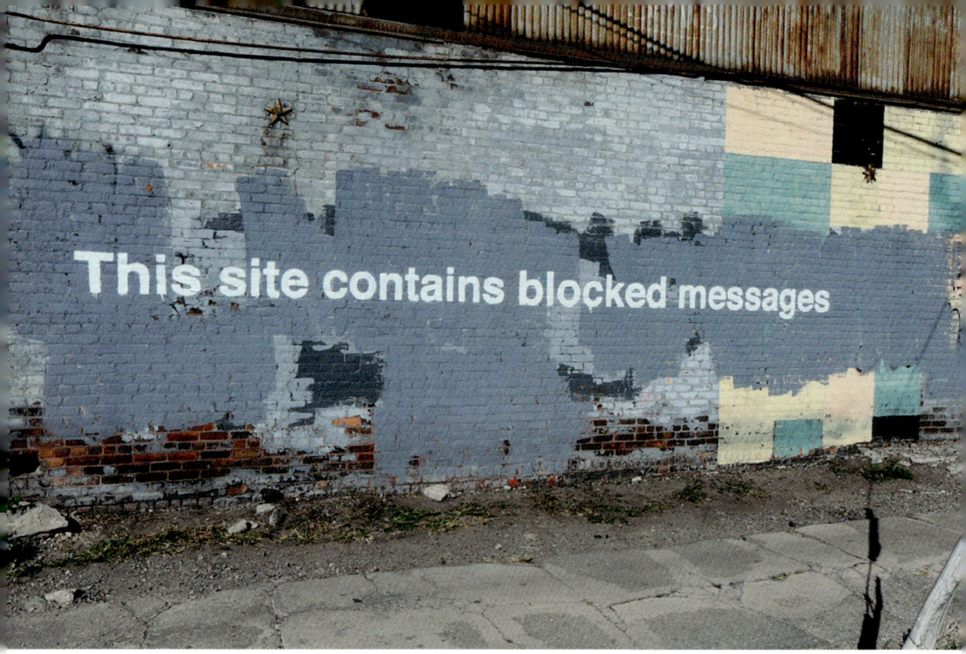

Banksy, *This Site Contains Blocked Messages*, 2013, New York

"Ovviamente la gente ha bisogno di essere pagata, altrimenti si avrebbe solo il vandalismo dei figli dei fondi di investimento o di chi lavora *part-time*", dice. "Ma è complicato, sembra che appena guadagni da un'immagine che hai messo per strada magicamente quel pezzo si trasforma in pubblicità. Quando i graffiti non hanno una componente criminale perdono gran parte della loro innocenza".

"Mi sembra che il modo migliore di far soldi con l'arte sia non provarci nemmeno", aggiunge in uno scambio successivo. "Non è che ci voglia molto a diventare un artista di successo: tutto ciò che devi fare è dedicarci completamente la tua vita. Quel che la gente ammira di Picasso non era il suo equilibrio tra vita e lavoro".

Ovviamente per Banksy il concetto di dedicare tutta la vita alla sua arte assume un ulteriore significato.

Non ti sembra mai che tutte quelle stronzate sulla felpa col cappuccio siano troppo da sostenere?
Ti saresti mai immaginato di portare avanti l'anonimato così a lungo senza scricchiolare qua e là?
È diventato più facile lavorare così, o più difficile?
Di quanta gente riesci a fidarti?
E come fai a decidere?
Al momento di andare in stampa, il "Voice" stava ancora aspettando delle risposte a queste domande (alcune tra le tante).
Il segreto sulla sua persona e l'anonimato auto-inflitto sono ormai parte del pacchetto – un elemento che sta diventando sempre meno credibile col passare del tempo, soprattutto alla luce delle recenti rivelazioni sulle attività di spionaggio della National Security Administration e rispetto al dibattito attuale sulla *privacy* online.
Urlare ai quattro venti la sua presenza a New York e produrre un nuovo lavoro al giorno per le strade sono sfide scoraggianti per l'azione in incognito di Banksy, ma, dice, la prospettiva di cementare la propria eredità in questa città si è rivelata una tentazione a cui non ha potuto resistere.
"New York richiama gli street artist come un vecchio faro zozzo. Vogliamo tutti metterci alla prova qui", scrive. "L'ho scelta per il traffico pedonale pazzesco e per il numero di posti in cui nascondersi. Forse dovrei essere in un posto più significativo, tipo Pechino o Mosca, ma vuoi mettere la loro con la pizza che c'è qua?".

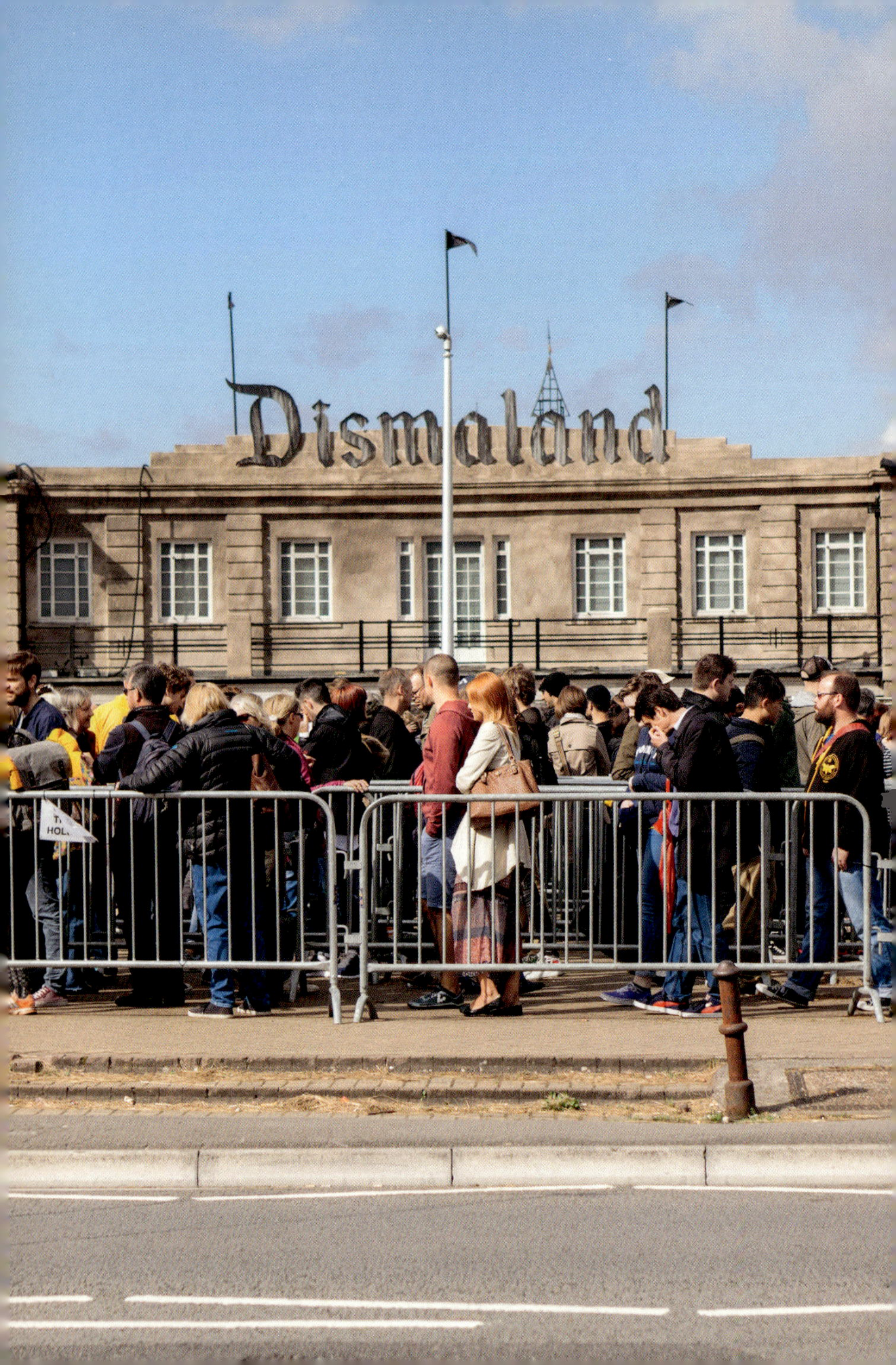
Dismaland

A proposito di *Dismaland*

Evan Pricco

"JUXTAPOZ", OTTOBRE 2015[1]

Dismaland è l'ultima innovazione nel settore dell'intrattenimento per la famiglia a firma dello street artist Banksy.
Installato nel centro di una città marittima inglese fuori moda frequentata da famiglie a basso reddito, "il pubblico perfetto per l'arte" secondo Banksy. La *location* è un lido dismesso, composto da quattro ettari affacciati sul mare recintati a muratura, che in tempi più recenti è diventato molto simile al cortile trascurato di una prigione, atmosfera che Banksy è stato molto determinato a voler preservare, dichiarando che a nessun membro dell'*equipe* di lavoro è stato concesso di portare con sé una scopa.
Questa è una mostra per quel 99% che preferirebbe non essere a una mostra. Comprende un castello delle fiabe, uno stagno con

1 Titolo originale: *An Interview With Banksy about* Dismaland

Banksy, *Dismaland*, 2015.
Weston-super-Mare, Ingresso

le barche, videogiochi, vasti giardini acquatici, tutti rivisitati in chiave moderna.

Ma al di là della presa per il culo a Topolino[2], è un tentativo tremendamente serio di mettere insieme una mostra che faccia il punto della situazione di una generazione. "È sconnesso, incoerente, ossessionato da se stesso, quindi, forse, stiamo già a metà strada".

Di certo non è una mostra di street-art, una forma d'arte che Banksy descrive come "l'ennesimo rassicurante movimento bianco, borghese, privo di voci femminili".

L'elenco degli artisti spazia da Jenny Holzer, vincitrice della medaglia d'oro alla Biennale di Venezia, a Ed Hall, un pensionato che ha passato quarant'anni a produrre i più importanti striscioni sindacali nel capanno degli attrezzi del suo giardino.

I visitatori sono condotti in un viaggio incontrollabile nell'arte "fatta all'ombra di nuvole che si addensano", letteralmente nella galleria principale, grazie alle le torri di Dietrich Wegner al centro della stanza. Realmente globale sia nello scopo che nelle dimensioni, ci si trova arte proveniente da Israele appesa accanto a quella proveniente dalla Palestina.

Rappresenta un movimento artistico preciso? Banksy si è inventato il termine "post modemismo" e sta coraggiosamente cercando di farlo andar bene. Questa è arte con un altissimo potenziale di click, raggiunta grazie alla stratificazione di molti filoni di pensiero e tecnica. "È un ricamo floreale, ma fatto sul cofano di una macchina col trapano elettrico", o "È una serra ma dove tutte le piantine stanno spuntando da piatti pronti".

---

2 *Mickey-taking* è un'espressione gergale equivalente a "prendere per il culo". In questo caso però il significato si stratifica, perché il Mickey cui si fa riferimento è il Mickey Mouse disneyano.

Questa è arte che fiorisce ed è condivisa nell'ambiente on-line che ha un "e" o un "ma"[3].
Il mondo digitale pretende molto più che modesti ritratti o paesaggi e questi artisti gli si dedicano con tutto il cuore.
Come sempre, Banksy ha messo in piedi una mostra rivolta essenzialmente al suo sé quindicenne. E ad ogni svolta gli urla "un altro mondo è possibile". Questo evento di fatto fornisce alcuni strumenti per raggiungerlo. Si visiti *Guerrilla Island*, un'area di attivisti dove si può compare la chiave per aprire le pensiline degli autobus e partecipare a workshop per imparare come sostituire ai loro i propri. Una parte del sito è dominata da un mulino a vento, il tentativo di Banksy di alimentare tutto il sistema con la copia gigante di una girandola, miseramente fallito. "Immagino possa diventare un monumento a tutta la strada che ancora abbiamo da fare".

EVAN PRICCO: Qual è stata la genesi di questo progetto? Stavi navigando in Internet e sei stato colpito da qualche intuizione su come poter presentare *Dismaland* agli artisti che intendevi coinvolgere? È stato un modo per mettere insieme un gruppo di persone che ammiri per creare una sola cosa? È un po' come l'uovo o la gallina? Volevi curare una mostra collettiva con questi artisti, o è stato vedere tutta questa arte a farti pensare a *Dismaland*?

BANKSY: Come molti altri progetti, è cominciato con un buco nella recinzione. Otto mesi fa, sono venuto a Weston un giorno che c'era il vento, e una delle assi del cancello era stata abbattuta. Al primo sguardo attraverso il buco, sono rimasto folgorato. Venivo qui a nuotare da bambino, ma nessuno è più stato qui dentro negli ultimi quindici anni. La cosa migliore è il muro. Dà la possibilità di fare

---

3 Il riferimento è, probabilmente, al linguaggio di programmazione informatica.

Alle pagine seguenti
Banksy, *Dismaland*, 2015. Weston-super-Mare. Veduta

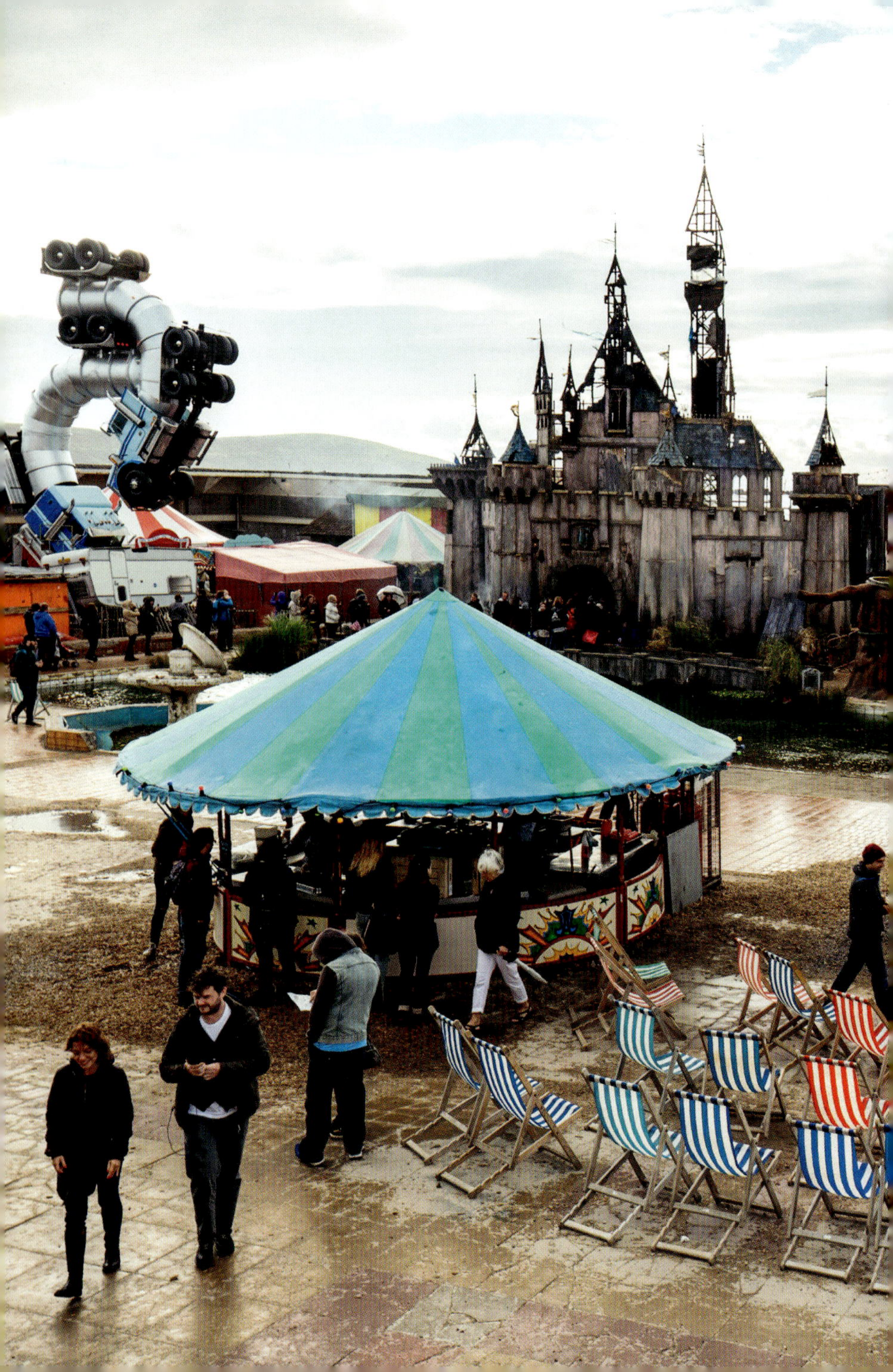

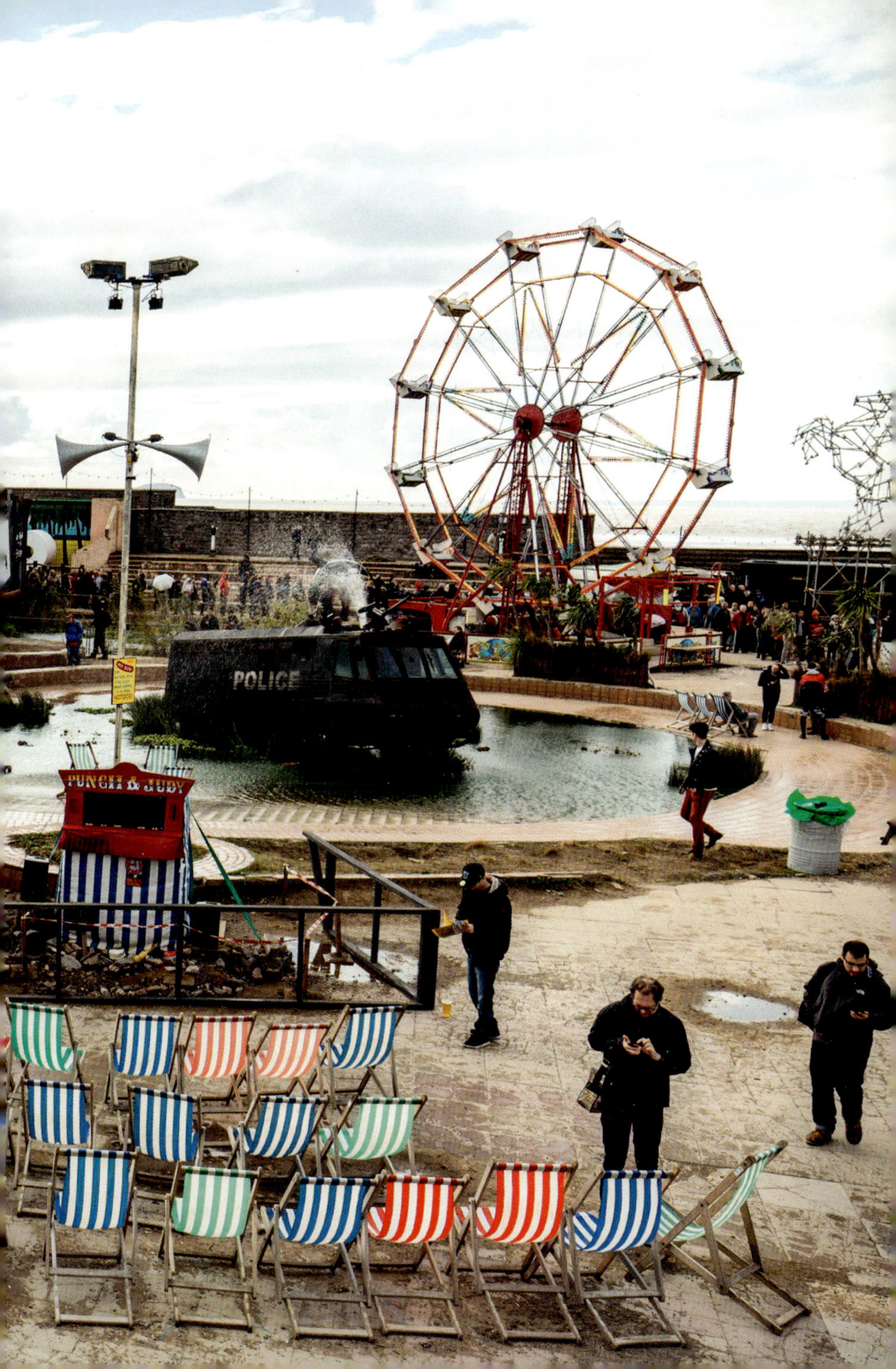
POLICE
PUNCH & JUDY

una mostra all'aperto, ma all'interno di un complesso recintato sulla spiaggia. È piuttosto insolito.
Per prima cosa ho pensato di fare una personale. Ma poi, dopo che il consiglio comunale ha accettato di prestarmi l'edificio, mi sono ripreso dalla sbronza da delirio di onnipotenza e sono andato a cercare aiuto. Gran parte delle opere saranno una sorpresa per me esattamente come per la gente. Ho incontrato Neta Harari Navon per la prima volta tre settimane fa mentre facevo shopping on line di capannoni. E niente, lei se ne sta là tranquilla a Tel Aviv facendo un modello perfetto di come si dipinge. Le mandi una mail e lei arriva – è incredibile. È un progetto valido perché mi sorprende continuamente. E questa è una cosa che ho imparato negli anni: nessuna squadra di PR e nessun lancio pubblicitario può vendere al mondo qualcosa che non entusiasma te.

EP: Hai chiesto agli artisti dei lavori nuovi? O c'era per loro la possibilità di esporre cose vecchie che ti piacessero?

B: Entrambe le cose.

EP: E c'è stato qualcuno che hai scelto per partecipare alla mostra che ha contribuito con delle idee che hanno cambiato il corso di *Dismaland*?

B: È stato arricchito da tantissime persone, è cresciuto. È piuttosto strano trovare un parco giochi per bambini con accanto un *payday loan*[4], è stato sempre un confronto ampio, per abbracciare o attaccare ogni aspetto dell'industria dell'*entertainment* che ci hanno

4 Il *payday loan* è un sistema tipicamente anglosassone di micro-prestiti non garantiti a breve termine, con tassi non completamente regolamentati. Banksy si riferisce qui all'installazione dell'artista Darren Cullen che ha allestito in *Dismaland* il suo "negozio" *Pocket Money Loans* offrendo ai bambini un anticipo sulla loro paghetta al 5000% di interessi.

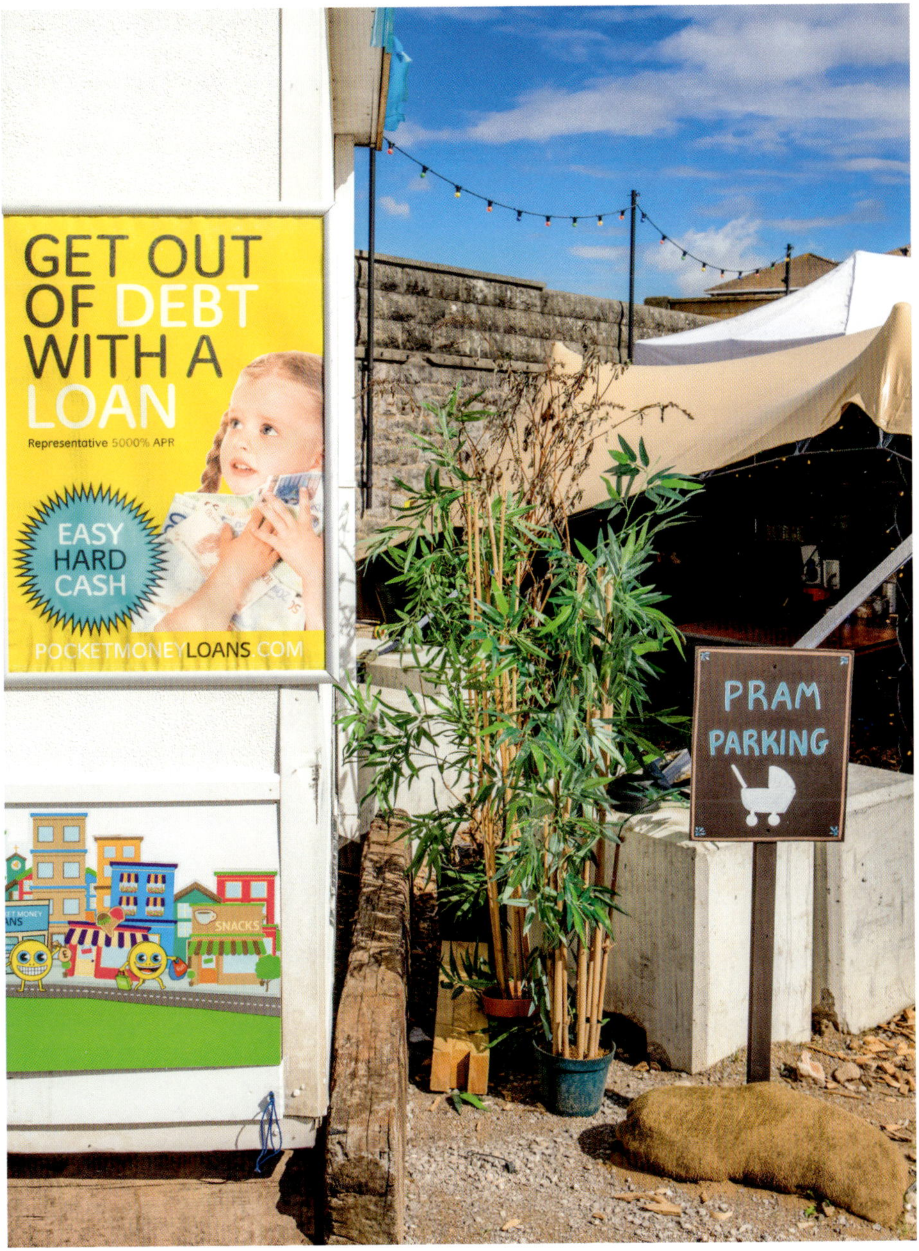

Darren Cullen, *Pocket Money Loans*,
in *Dismaland*, 2015. Weston-super-Mare

venduto o che ci ha deluso. Essenzialmente, il tema più ampio è che i parchi a tema dovrebbero avere dei grandi temi. Anche se ho instituito un divieto all'iconografia di Topolino su tutto il sito.

EP: Alcuni dei lavori che ho visto hanno ovviamente un forte impatto politico, ma ci sono anche molti artisti che sono sovversivi e allo stesso tempo divertenti. Era l'equilibrio che apprezzavi e volevi veder vivere fianco a fianco? Ovviamente avere i meravigliosi dipinti naturali di paesaggio di Zaria Forman accanto ai pezzi di porcellana di Jessica Harrison vuol dire avere due stili narrativi diversi, anche se insieme possono creare una storia e un'esperienza visiva interessanti.

B: Sì, vorrei che fosse molto chiaro: questa non è una mostra di street art. Ci sono delle donne.

EP: Dicci del tuo ruolo qui. È stato un processo interessante fare il curatore? È un ruolo che ti è piaciuto?

B: È saltato fuori che fare la curatela può essere sorprendentemente creativo. Per esempio, io ho chiesto a Jenny Holzer di darmi uno delle sue opere al LED, ma lei non aveva nulla in magazzino. Mi ha detto che era contenta di metterci il testo ma io dovevo trovare i supporti. Ho chiesto a un tipo delle luci di trovarmi un grosso schermo a LED e lui mi ha proposto un sistema che mi costava di affitto ottomila sterline la settimana. Ma non potevo permettermelo e allora ho suggerito di registrare gli slogan di Jenny e passarli sullo stereo Tannoy. A lei l'idea è piaciuta e mi ha detto che non aveva fatto niente del genere negli ultimi quarant'anni. Così ora io ho un Jenny Holzer originale che non mi costa un cazzo.

EP: Hai fatto molto lavoro di editing? C'erano cose che ti sono piaciute all'inizio che poi sono state scartate o altre cose che sono cresciute perché ti piaceva la direzione in cui si muovevano?

B: Un sacco di decisioni sono state prese dalla noncuranza. Ho messo insieme una bella lista di artisti e pezzi che volevo e l'ho lasciata lì: se non me ne fossi fatto nulla un mese dopo avrei saputo che probabilmente non ne valeva la pena. Quando sei molto occupato le cose più importanti trovano il loro modo di richiamare la tua attenzione. Ho scoperto che il "non ora" è una reazione valida come qualsiasi altra.

EP: Quanto conta per te la reazione? So che importa a noi, ai critici e al pubblico, ma ci fotte per un secondo. Importa a te?

B: Sono ad un punto con l'arte in cui mi interessa solo se il pezzo risulta essere più della somma delle sue parti. Sono fortunato perché quel che faccio o ha successo, o è un fiasco.
Senza dubbio qualcuno direbbe che questo è il motivo per cui è spazzatura, ma è così che stanno le cose. A me dispiace molto per gli espressionisti astratti, come facevano a sapere quando era il momento di andare a casa?
Tutto ciò di cui ho bisogno è che sia chiaro il mio punto di vista e ricavare dal mio lavoro qualcosa in più di quello che ci ho messo.
Se succede qualcosa di imprevisto tra la mia idea e la realizzazione, è una grande vittoria. Questa settimana ho messo intorno alla mia Cenerentola uno stuolo di paparazzi in cerchio, e le luci dei flash fanno saltare ombre per tutta la stanza, e la zucca sembrava illuminata da candele tremolanti, e quindi sto bene. Non mi ero immaginato niente di tutto questo.

Il mio livello di soddisfazione non dipende dalla tua opinione. Se per me un pezzo funziona, non c'è nulla che possa portarmi via questa sensazione. E il rovescio della medaglia è che se per me un pezzo non funziona, non ci sarà nulla che tu possa dire che lo faccia funzionare. Questo progetto, in particolare, è così incentrato sul destinatario che davvero dovrai fare affidamento sulla reazione che avranno gli spettatori.

EP: Sei sempre stato bravo a controllare il tuo messaggio, ma aderire ai social media ti ha insegnato qualcosa che ti sia piaciuto o non ti sia piaciuto?

B: L'ultima mostra che ho fatto è stata al Museo di Bristol e ci è venuta un sacco di gente. Per me la cosa più interessante, infatti, era la coda. Non so se la gente verrà anche sta volta, ma ho fatto alcuni lavori avendo la gente in mente: la scultura di Cenerentola è completa solo quando è circondata da una folla goffa che fa foto. Il pubblico è la battuta finale. Tipo, l'orca è una merda di per sé. È buona solo quando ti ci metti dietro in posa, fai una faccia e mandi una foto al tuo amico.

EP: Cosa speri che i visitatori si portino via da *Dismaland*?

B: Un programma di sala, tre magliette e una tazza. Ciascuno. Questo progetto non è sponsorizzato o aiutato dal governo; è autofinanziato.

Banksy, *Dismaland*, 2015, Weston-super-Mare.
Dettaglio di Cenerentola con la sua carrozza.

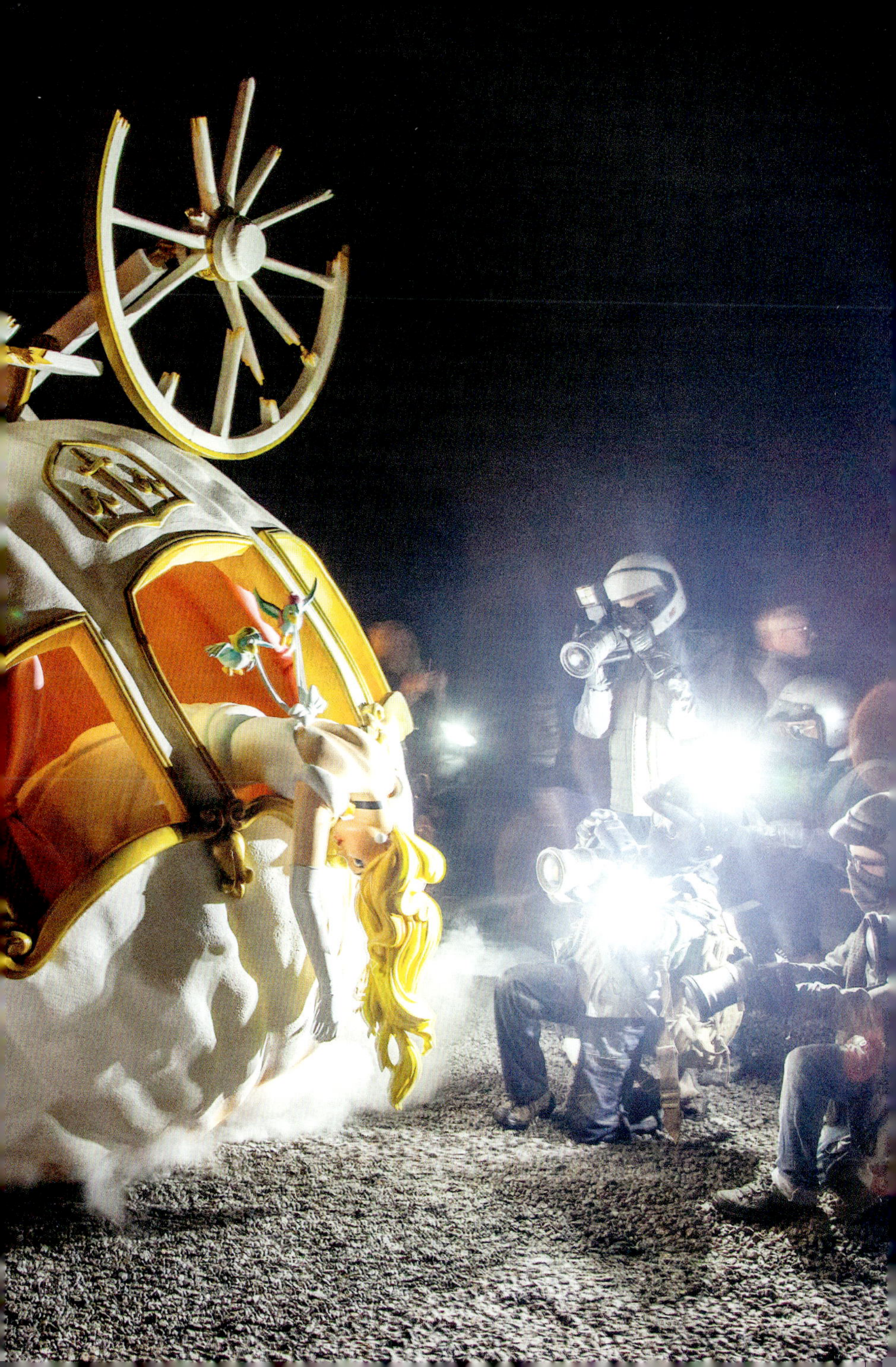

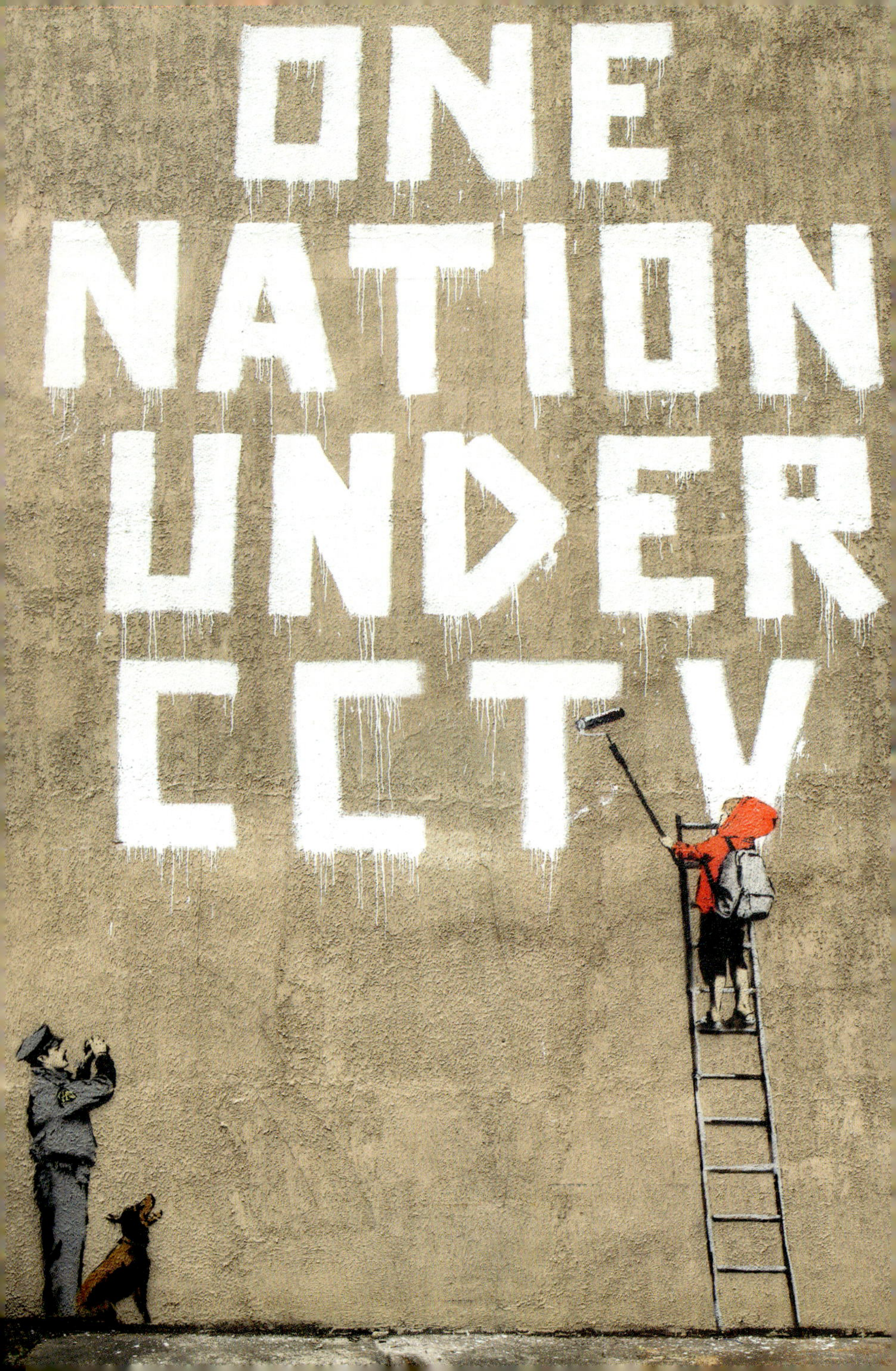
ONE
NATION
UNDER
CCTV

Banksy woz' ere

Eleanor Mills

"SUNDAY TIMES MAGAZINE", 28 FEBBRAIO 2010[1]

È il graffitaro più celebre di tutti i tempi, outsider inafferrabile che è diventato, contro ogni pronostico, il nostro tesoro nazionale. Stiamo per dare un'occhiata al suo "primo film apocalittico di street art".

Sia che si tratti di due poliziotti che limonano, di una seduta parlamentare di scimpanzé, della principessa Diana sulla banconota da dieci pound o della scritta "Non credo al riscaldamento globale" mezza sommersa in un canale, un'opera di Banksy fa sorridere, ma obbliga anche ad un secondo sguardo, per meditarci un po' su.
È curioso che questo street artist susciti un tale affetto nella gente, soprattutto in chi sostiene che l'arte non abbia un gran che da dire. "Banksy? Lo adoro!" dice un mio conoscente che difficilmente potrebbe essere visto anche da morto alla Tate Modern. Un altro amico, che l'ha incontrato ad una festa di punkabbestia nomadi a Bristol ricorda

1 Abbreviazione gergale per *Banksy was here* (Banksy è stato qui).

Banksy, *One Nation Under CCTV*, 2007, Londra

"è un tipo silenzioso, dolce però, tipico di Bristol, trasandato e divertente, cioè, non lo diresti mai a non saperlo".
E allora, perché ciascuno di noi ha il suo Banksy preferito? Forse perché ci coglie di sorpresa, ci mostra, con il suo punto di vista capovolto, uno spaccato intelligente della nostra cultura da un pezzo di muro scrostato, da un ponte, da un cartellone pubblicitario che abbiamo visto migliaia di volte, ma a cui non avevamo prestato alcuna attenzione prima.
Il tragitto che faccio per andare da casa al lavoro passa attraverso l'East London, per i quartieri di Shoreditch e Hoxton, e ho imparato dove andare a cercare i Banksy. Recentemente ha fatto dei pezzi a Camden Town, zona nord di Londra, dove ha avuto un battibecco con il suo collega graffitaro che si fa chiamare Robbo. Sono andato a dare un'occhiata un giorno che si moriva di freddo. Oltre la chiusa sul canale, lungo una squallida alzaia ricoperta di neve, sotto un ponte decisamente insalubre: lì, su un fazzoletto di cemento, sul lato più inaccessibile del canale fangoso, c'è uno stencil con operaio che dipinge un muro. L'operaio è stato aggiunto da Banksy al *tag* "Robbo" originale. Da allora, un Robbo in cerca di vendetta ha imbrattato il pezzo e ci ha scritto sopra "King Robbo" in gigantesche lettere d'argento. Tornando indietro verso Regent's Park c'è un incantevole stencil di un ragazzino che pesca nel canale, su cui ora campeggia lo slogan aggressivo "Pensavi che fosse finita? Team Robbo" e le parole *street cred,* credibilità della strada, al posto del pesce, a significare che Banksy ha perso la sua.
L'ha persa davvero? Se il mio lavoro fosse venduto a 1.870.000 dollari a New York e a 635.000 sterline da Sotheby's Londra – questi i numeri di Banksy a febbraio 2008, se collezionisti del calibro di Brad Pitt e Christina Aguilera si facessero in quattro per aggiudicarsi un mio pezzo, mi prenderei la briga di scavalcare un canale putrescente per andare a sprayare un muro che vedranno solo pochissime persone?

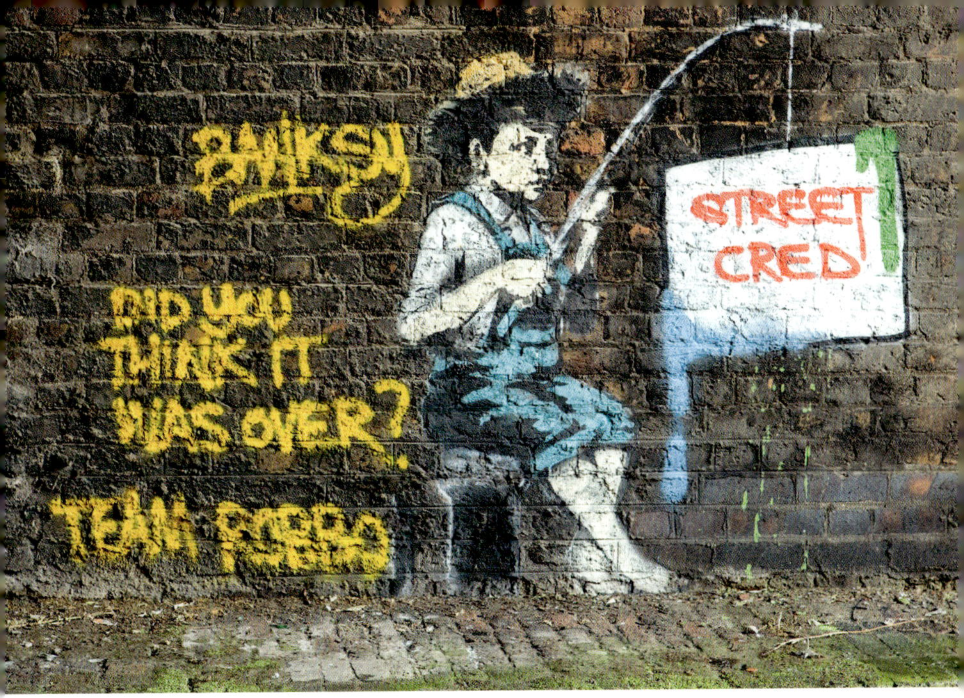

Battle tra Banksy e Robbo, 2009-2010, Londra

E voi, lo fareste? E allora quale la ragione di questi viaggi, al freddo, fino a Camden per dipingere illegalmente su un muro nascosto?
"Continuo a dipingere graffiti perché penso sinceramente che il bordo di un canale sia un posto più interessante per l'arte che un museo", ribatte. "Il fatto è che se esponi in una galleria ti tocca gareggiare contro Rembrandt, ma se dipingi un vicolo devi vedertela solo con un bidone della spazzatura. È come andare in giro con dei tipi grassi per sentirti magro, suppongo".
Che tipo divertente, no? Ma intervistare Banksy è un processo piuttosto strano. Siccome si ostina a voler rimanere anonimo, lui non "concede" interviste nel senso che ti siedi e ci parli faccia a faccia, piuttosto acconsente a una rapida uscita fuori dall'ombra. Quel che riportiamo di seguito sono i passaggi più significativi di una serie di email, anche se, a essere onesti, ciò che l'ha entusiasmato di tutto il

Alle pagine seguenti
Team Robbo, *Top Cat "R.I.P Banksys Career"*, 2010. Londra

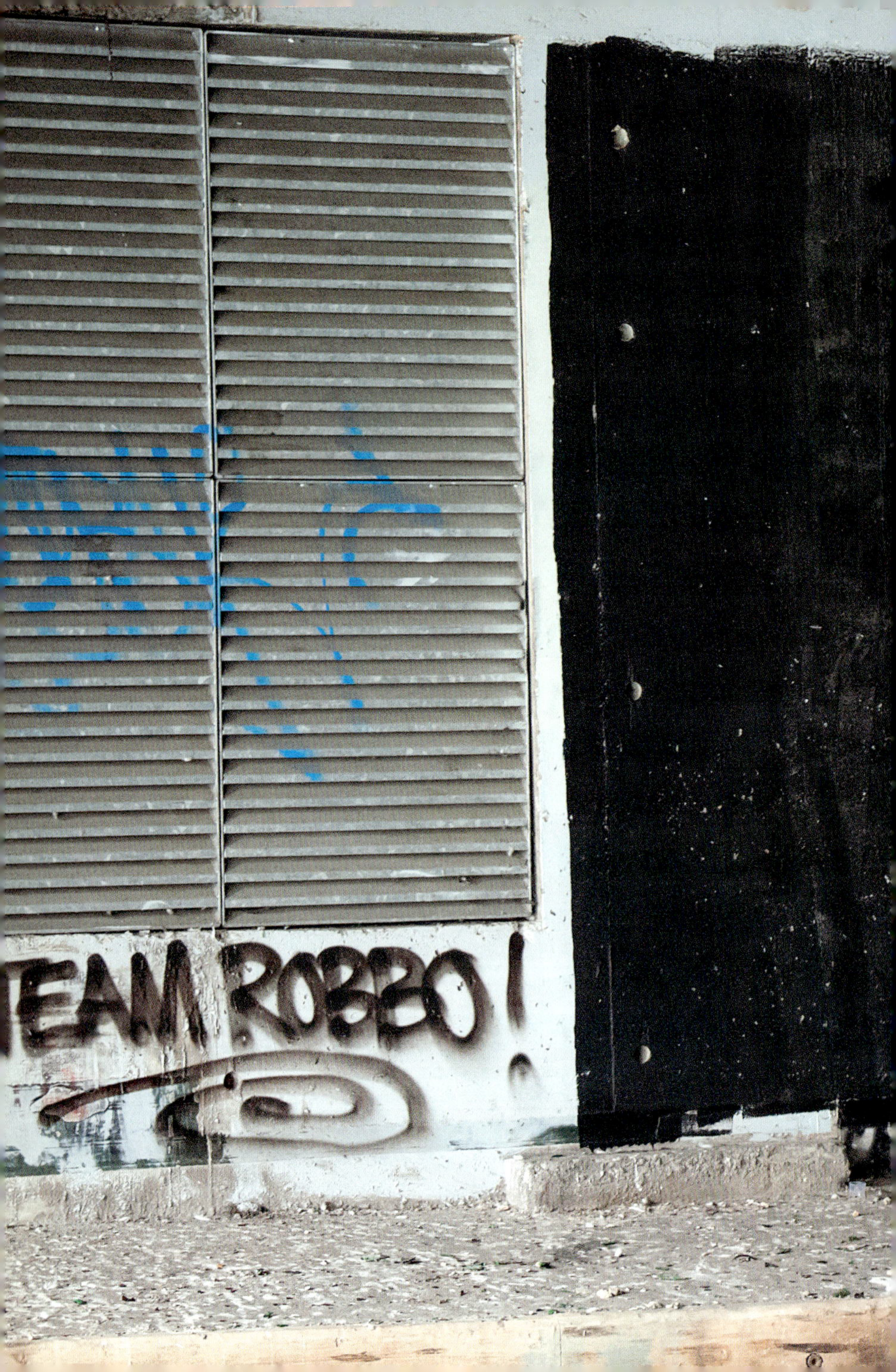
TEAM ROBBO!

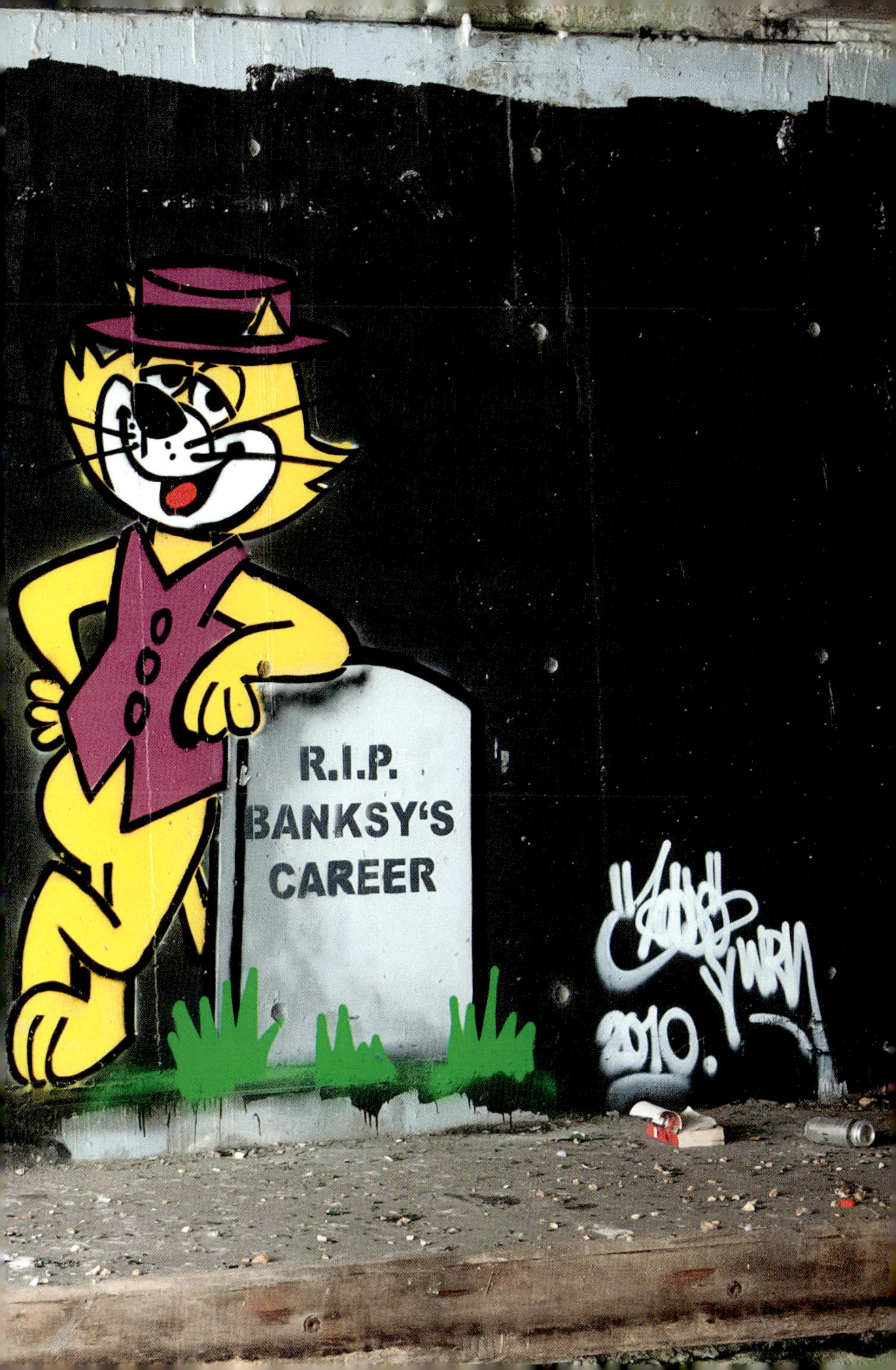
R.I.P.
BANKSY'S
CAREER
2010.

processo non sono state tanto le mie interminabili domande ma il lavoro che ha fatto in esclusiva per il "Sunday Times". Per dirla con le parole del suo assistente: "È tutto immagini, a lui non interessa questa farsa delle parole". Ciononostante, ha risposto diligentemente alle mie domande e contro-domande, scrivendo "Per favore, sentiti libero di riscrivermi altre domande che possano sorgere dalle mie risposte scarse". E il risultato è che sembra che davvero abbia pensato bene a quello che voleva dire.
Ed eccolo qui. E se non credete che sia veramente lui, è stato ripreso mentre realizzava la copertina di questo numero, potete vedere Banksy al lavoro su internet in prima visione. Le telecamere a circuito chiuso sono una delle sue ossessioni al momento, dice che sono una delle cose peggiori di questa versione moderna dell'Inghilterra. "La quantità di telecamere di sicurezza mi fa diventare pazzo. Ovviamente da un punto di vista professionale, ma anche ad un livello più filosofico. Non riesco davvero a comprendere perché la Gran Bretagna abbia abbracciato questa politica di telecamere più che qualsiasi altro paese – è perché desideriamo disperatamente di avere ancora qualche importanza e per questo un po' ci piace l'idea che qualcuno ci stia costantemente guardando? Odio quando dicono 'Se non hai fatto nulla di male non hai nulla da nascondere'. Tutti hanno qualcosa da nascondere, altrimenti c'è veramente in loro qualcosa che non va".
Restiamo sul tema dell'avere qualcosa da nascondere: perché insiste a mantenersi nell'ombra e si rifiuta di rendere nota la propria identità? "Potrebbe sembrare un trucco elaborato per relazionarsi al pubblico, ma l'anonimato è assolutamente vitale per il mio lavoro, non potrei dipingere senza", risponde.
Vero è che la maggior parte dei suoi lavori compaiono in posti illegali e quindi dichiararsi pubblicamente lo esporrebbe a una serie di accuse per vandalismo. Ma non è una questione logistica a farlo restare nascosto. "L'esposizione mediatica è un grosso

problema – devi diventare molto forte, farti crescere la pellaccia e ignorare l'opinione della gente. E questa è una sfortuna perché tu non vorresti mai questi tratti nella tua immagine pubblica di artista. Un vecchio proverbio cinese dice 'Chi va a dormire in un'armatura non dorme mica tanto bene' – come fai ad esigere anonimato mentre stai facendo una sbrodolata di sei pagine sul Sunday Times Magazine?" continua "Ma la risposta è semplice – devi essere un ipocrita colossale".
La cosa strana è che molto probabilmente è già stato smascherato. Dopo lunghe indagini, un giornale[2] ha scoperto che in realtà Banksy è "un ragazzino cresciuto nella media borghesia di provincia" che risponde al nome di Robin Gunningham e ha frequentato la Bristol Cathedral School a metà degli anni Ottanta. I compagni di scuola lo ricordano come un artista di grande talento. Banksy è stato spesso messo in collegamento con la band di Bristol Massive Attack e ha fatto molte copertine per l'etichetta Hombré, per cui lavorava il suo coinquilino, Jamie Eastman. Tutto questo è saltato fuori qualche tempo fa. Eppure, per quanto possa sembrare strano, a nessuno sembra interessare un gran che il fatto che potrebbe essere Robin Gunningham. Forse non vogliamo davvero sapere chi sia il Banksy che scende a fare colazione. È possibile che la più grande creazione di Banksy sia proprio quest'aura di mistero di cui si circonda? Credo che il pubblico reagisca proprio al suo essere una Primula Rossa[3], al brivido della possibilità che in qualsiasi momento potrebbe esserti seduto proprio accanto.
Potresti averlo incontrato (o averlo visto in azione) e non venire mai a saperlo. È una celebrità anti-celebrità che non spunterà mai su

2 Claudia Joseph, *Graffiti artist Banksy unmasked ... as a former public schoolboy from middle-class suburbia*, "Mail", 12 luglio 2008.
3 Cfr. Emma Orczy, *The Scarlet Pimpernel*, Greening, 1905. "La Primula Rossa", dal fiore che lasciava come firma, è un personaggio misterioso e innominato che difende i nobili contro i tiranni repubblichini.

"Ok!"[4]. Grazie al cielo, non vedremo mai gli interni della sua adorabile dimora. Naturalmente gli ho fatto alcune domande sulla sua identità che lui ha ignorato, come si poteva immaginare. Ma contrariamente alle voci che sostengono che sia uno snob, la sua amica e agente Jo Brook mi ha assicurato che è un tipo molto *working-class*. Quel che invece è stato reso noto per la prima volta è l'esistenza di una Mrs. Banksy: "La mia signora è molto comprensiva, la Vedova del Muro, come la chiamo io". E per quel che riguarda la sua famiglia d'origine? "Quando mia mamma ha scoperto che ero Banksy mi ha telefonato e mi ha detto: 'mi sento profondamente delusa'. Le ho chiesto perché. E lei mi ha risposto: 'Beh, se sei un artista dei graffiti perché non hai mai imbrattato quel grosso camion che mi parcheggiano sempre davanti alle finestre?'". Questo è un bell'indizio sul fatto che la sua famiglia sia davvero originaria della periferia, dopo tutto.

Sono state fatte molte ipotesi riguardo la sua formazione accademica, se ne abbia avuta una oppure no (di sicuro ha familiarità con i grandi classici che spesso ripropone, come il suo *Déjeuner sur l'Herbe* a cui assistono africani affamati o il sorrisone che ha messo sul viso della Monna Lisa. E quindi, ha ricevuto un'educazione classica?
"Ho frequentato una scuola d'arte ma non ho approfondito più di così. Ho una vasta collezione di arte famosa a casa, ma sono tutti falsi. Me li faccio da soli. Quando mi piace un'immagine prendo una foto, la proietto e dipingo. A volte cambio i colori per intonarli alle tende. Lo faccio da una parte perché sono molto avaro, dall'altra perché se avessi dei veri Basquiat o Picasso in salotto sarei terrorizzato all'idea di uscire di casa. Io consiglio i graffiti a chiunque, per nessun'altra ragione oltre al fatto che fare un giro in città non è mai noioso: sei sempre lì che cerchi qualche spazietto nuovo, a immaginare cosa potresti farci sopra.

4 "Ok!" Magazine paragonabile ai rotocalchi scandalistici italiani.

Allo stesso modo, se mai ti annoiassi a girare per un museo, il livello di interesse schizza sostanzialmente in alto quando infili il tuo pezzo sotto il cappotto per andare ad incollarlo da qualche parte".
I suoi appuntamenti ufficiali con il mondo dell'arte a quanto pare non l'hanno per niente convinto a volerne fare parte. Nonostante il successo incredibile della sua mostra al Bristol City Museum l'estate scorsa, a cui hanno partecipato trecentomila persone, tra bambini, giovani bolscevichi e nonni, dice: "Per un po' non intendo fare altre mostre importanti nelle gallerie, è tutto troppo losco. Ho incontrato un sacco di brutta gente da quando sono passato dal vandalismo alla compravendita di opere d'arte. Il mondo dell'arte è pieno di loschi figuri che spacciano colori vivaci. I detrattori dei graffiti dicono che le *tag* spaventano la gente, mai quanto l'arte moderna. Quella roba è deliberatamente pensata per far sentire stupida la gente normale. Potrei provare ad ottenere più opere murarie autorizzate, ma scalare una grondaia è ancora molto più semplice che far passare un'idea originale ad un comitato".
La furia di Banksy contro la falsità e il clamore del mondo dell'arte sono i soggetti del suo primo film, *Exit Through the Gift Shop*, punta di diamante del fichissimo *Sundance Film Festival* nello Utah il mese scorso. In pieno stile Banksy ci è andato in incognito e ha annunciato la sua presenza con dieci graffiti estemporanei apparsi intorno a Park City e Salt Lake City mentre i suoi fan si mettevano in coda per entrare in sala. Sei uno che fa sempre il tutto esaurito: lo promuovi girando in limousine il tuo film negli Stati Uniti?
"Non vivo nel lusso", protesta "Quando sono andato al *Sundance* ho noleggiato un furgone per potermi spostare e fare dei pezzi. Ci ho dormito con un amico per una settimana in un parcheggio per roulotte sotto la neve e circondati da rottweiler. Stavo rannicchiato su una stufetta elettrica a tagliare stencil, seduto su un letto pieghevole e circondato da merda di cani. E una settimana dopo i giornali

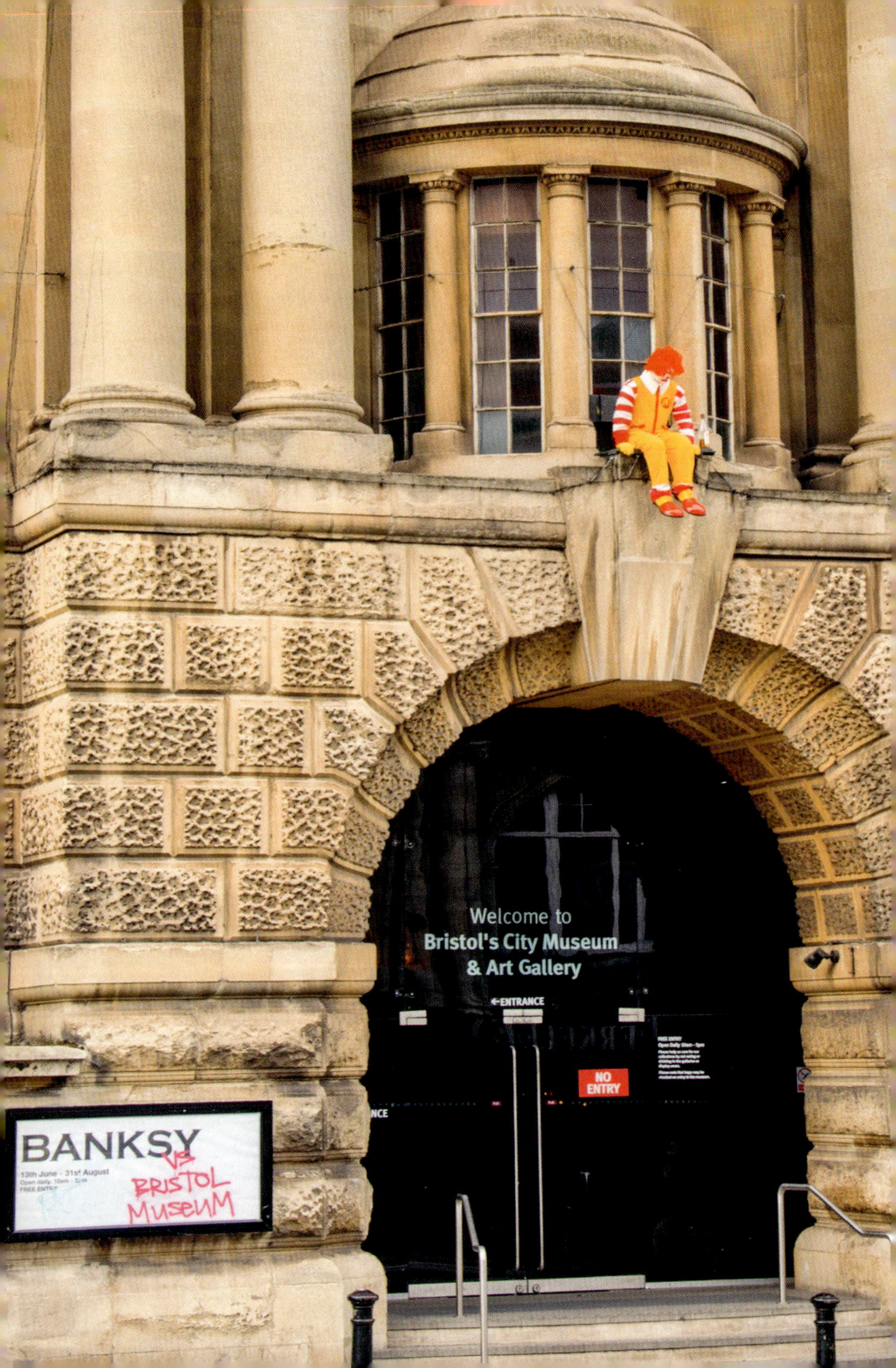
Welcome to
Bristol's City Museum
& Art Gallery
ENTRANCE
NO ENTRY
BANKSY
13th June - 31st August
FREE ENTRY
VS
BRISTOL
MUSEUM

hanno descritto la mia visita come una spietata campagna di marketing perfettamente orchestrata. A me non è parsa proprio così". Nel film si sente un motivo ripreso da *Man on Wire*, lo straordinario documentario del 2008 su Philippe Petit, un funambolo francese che ha danzato su un cavo tirato tra le torri gemelle a New York nel 1974 (una storia ancor più commovente se raccontata dopo l'11 Settembre). Come in *Man on Wire*, i momenti più esaltanti sono quelli con le immagini di repertorio. Nel documentario di Banksy si tratta di riprese dei più importati street artist al lavoro, mentre dipingono o sprayano i loro stencil su cartelloni pubblicitari ad altezze vertiginose a Parigi, o sospesi in alto sopra il traffico di Los Angeles. Gran parte di queste immagini sono state riprese da un francese fuori di testa chiamato Thierry Guetta, un filmmaker compulsivo (si immagini un turista giapponese sotto *speed*) che ha ripreso ossessivamente tutto con la sua videocamera. Guetta è stato iniziato alla street art da suo cugino, un famoso street artist francese conosciuto col nome di Invader, i cui stencil ispirati al video gioco *Space Invaders* sono spuntati dappertutto in giro per il globo. Grazie ad Invader, Guetta è stato accettato dalla comunità dei graffiti e, grazie a un sapiente mix di charme, perseveranza e follia, è riuscito a convincerli che stava realizzando un documentario su di loro. Il pericolo, la gioia audace e assolutamente anarchica di fare arte per strada è restituita in modo magnifico in una serie di sequenze reali terrificanti, con tanto di irruzioni della polizia e imprese al limite della morte. La preda più sfuggente di Guetta era, ovviamente, Banksy, e alla fine, è riuscita a prenderlo. Sfortunatamente, Guetta si è rivelato un filmmaker terrificane. Quando ha portato a Banksy il suo documentario sembrava uno scherzo: un miscuglio di sequenze senza alcuna logica, nessuna struttura né narrazione, sembrava "che un pazzo avesse preso il controllo del telecomando": Banksy, avendo compreso immediatamente il potenziale di questo materiale grezzo,

Ingresso della mostra *Banksy vs. Bristol Museum*, 2009,
Bristol's City Museum and Art Gallery, Bristol

ha deciso di usarlo per fare un film suo. Le ragioni? Davvero semplici. I graffiti sono effimeri per loro natura: appena un'immagine è dipinta o incollata su un muro o un autobus viene rimossa dalle autorità. La sola via all'immortalità per la street art è su pellicola. Certo, questa è una strana premessa a un film. Dopo la proiezione al *Sundance* alcuni critici hanno accusato Banksy di aver fatto un *mockumentary*[5] – non credevano all'esistenza di Guetta (ho visto il film e direi che è talmente pazzo che non può essere stato inventato). Banksy è disposto a mettere la mano sul cuore e giurare che il film è vero dall'inizio alla fine?

"C'è una grande ironia nel fatto che ci sia chi crede che il film sia una presa per il culo, perché questo è uno dei film più onesti che vi capiterà mai di vedere, con ogni probabilità", risponde. "Non c'era alcuna progettualità, nessuna agenda; non ci siamo nemmeno resi conto che stavamo facendo un documentario fino a metà. Di solito per avere finanziamenti i documentari vengono pianificati in anticipo, si decide cosa succederà. Noi avevamo semplicemente una telecamera accesa e le cose hanno cominciato a succedere. Anzi, forse è meglio se non scrivi l'ultimo pezzo: il nostro distributore dice che se lo chiamo documentario non viene a vederlo nessuno. In origine volevo chiamarlo *How to Sell Sh*t to C**ts*[6] e per lui andava anche bene, l'importante era non chiamarlo mai documentario. Non ho mai voluto fare un film, ma alla fine non mi rimaneva scelta. Questo tipo mi ha filmato mentre lavoravo per qualche mese e mi sono accorto che, ogni volta che veniva con me per qualche avventura, quando tornavo a casa le storie che raccontavo giravano tutte attorno a lui. Non importa da quale ponte ci fossimo appesi o chi ci aveva rincorso per prenderci, le storie che facevano più ridere

5 La parola è formata dal verbo *to mock*, prendere in giro, si intende quindi "un documentario presa in giro".
6 *How to sell shit to cunts*, come vendere merda ai coglioni.

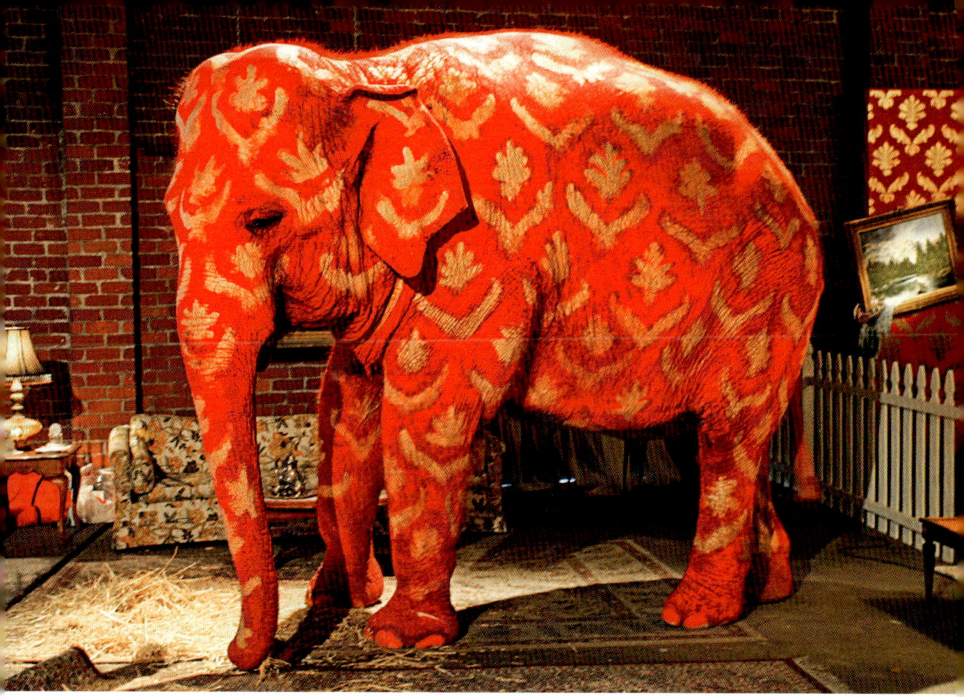

Banksy, *There's an Elephant in the Room*, 2006, Los Angeles

erano sempre quelle su quel fuori di testa del cameramen. Quindi mi è sembrato logico girare verso di lui la telecamera. Credo sia un storia interessante, ma vorrei che la gente venisse a vederlo con delle aspettative piuttosto basse. Non è esattamente *Avatar* con le bombolette".

Beh, anche senza la patina tecnologica di *Avatar*, questo film è una critica potente al mondo dell'arte: il cinismo e la rabbia di Banksy nei confronti di come il sistema funziona gli conferiscono un nocciolo intellettuale. Il finale è uno scherzo elaborato – che ha avuto un tremendo successo – all'*establishment* artistico di Los Angeles, dove Guetta (grazie all'aiutino dato dall'appoggio di Banksy) organizza una mostra che gli frutta un milione di dollari. In qualche modo, è una replica del successo dello stesso Banksy a Los Angeles nel 2006.

Ha allestito una mostra di grande successo, *Barely Legal*[7], in una parte fatiscente della città. Il pezzo forte della mostra era l'opera *There's an Elephant in the Room* (L'elefante nella stanza), un elefante vero ricoperto da quantità industriali di vernice che faceva *pendant* con la carta da parati della galleria. Gli animalisti sono inorriditi. Il loro furore ha fatto sì che la mostra comparisse in tutti i telegiornali e nei notiziari in TV. Risultato? Le code per entrare erano così lunghe che si è parlato della mostra persino negli aggiornamenti sul traffico. Da un giorno all'altro Banksy era qualcosa di sensazionale. La cosa divertente, comunque, è che prima di questa mostra gran parte di questi *connoisseur* di Los Angeles ovviamente non sapevano chi o cosa fosse Banksy. In retrospettiva, hanno fatto una pessima figura quando la mostra si è riempita di VIP di Hollywood che cercavano disperatamente di accaparrarsi qualche suo pezzo.

Non riesco a smettere di domandarmi se il finale di *Exit Through the Gift Shop* sia una specie di vendetta di Banksy. Lui resta sul generico sull'argomento, dicendomi solo "Non vorrei rispondere a domande direttamente riferite alla trama del film. Vorrei mantenerlo nel segreto il più possibile".

La gente ha guadagnato molto sulle spalle di Banksy, Guetta incluso. (Nel film Banksy dice di lui: "ho sempre incoraggiato chiunque a fare arte. Non lo faccio più così spesso"). C'è una vera e propria industria di gente che produce in serie le sue immagini sulle magliette, sulle tazze e sui poster. Lui non vede alcun ricavo da questo merchandising, ma in qualche modo ha guadagnato da questo incredibile successo? È un milionario ora?

"Non guadagno tanto quanto la gente pensa. Le gallerie commerciali che fanno mostre con i miei dipinti non hanno nulla a che fare con

---

7 Espressione tipica che significa "ai margini della legalità, appena appena legale", solitamente riferita alle ragazzine, rispetto alla loro maggiore età.

me. E di certo non vedo un soldo da tutte le cartoline, le magliette e le tazze. Il mio avvocato dice che sono 'l'artista vivente più falsificato' e vorrebbe che io ci facessi qualcosa. Ma se hai costruito una reputazione sul fatto di avere un'attitudine molto rilassata nei confronti della proprietà privata, sarebbe proprio un brutto gesto fare i capricci sui diritti di copyright".

Questo riassume la posizione di Banksy. Le sue immagini sono così popolari da essere derubate continuamente per la ricchezza di altri, ma le esperienze sporadiche che ha avuto nel modo delle gallerie e dei mercanti d'arte lo hanno convinto che il suo futuro non va nemmeno in quella direzione.

La sua intera esistenza è un paradosso: anonimo ma famoso in tutto il mondo; valutato milioni ma non guadagna dal suo lavoro; capace di imballare le gallerie, dedito ai più oscuri siti sotto i ponti dei canali. E ora, cosa farà?

"Bella domanda. Avevo in mente di fare qualche pezzo enorme sul sonnambulismo che ci sta portando verso l'apocalisse, ma alla fine mi sono fermato al pub perché mi andavano un po' di patatine".

Puro Banksy. Messi di fronte alle dimensioni epiche della sfida a cui siamo chiamati, siamo tutti tentati di risolverla con un "ma de che?".

Forse la gente lo adora così spasmodicamente, in modo quasi possessivo, perché mette in scena la disconnessione tra ciò che sappiamo bene dovrebbe preoccuparci e quello che di fatto facciamo. Un pezzo di Banksy è un pizzico di magia irriverente sparso sui nostri luoghi più intimi e quotidiani. Ecco perché è diventato uno dei nostri più improbabili tesori nazionali.

REFERENZE FOTOGRAFICHE

AF archive / Alamy Stock Photo: p. 24
Louis Berk / Alamy Stock Photo: p. 51, 52-53
Guy Corbishley / Alamy Stock Photo: pp. 40-41
Christie's Images, London/Scala, Firenze: p. 21
Piero Cruciatti / Alamy Stock Photo: pp. 12-13
Dan De Kleined / Alamy Stock Photo: p. 48
Anthony Hatley / Alamy Stock Photo: p. 19
Gordon Hulmes Art / Alamy Stock Photo: p. 6
David Hutt / Alamy Stock Photo: p. 47
Richard Levine / Alamy Stock Photo: p. 29
AC Manley / Alamy Stock Photo: p. 36
Bruce McGowan / Alamy Stock Photo: p. 14
Storms Media Group / Alamy Stock Photo: p. 34
Steve Taylor ARPS / Alamy Stock Photo: p. 43
Frederick Wood Art / Alamy Stock Photo: p. 58
ZUMA Press, Inc. / Alamy Stock Photo: p. 32, 61

L'editore è a disposizione degli aventi diritto
per eventuali fonti iconografiche non individuate.

Finito di stampare
nel mese di novembre 2018
a cura di 24 ORE Cultura, Milano